黑龙江省高教学会 2023 年高等教育研究课题
《冬季奥林匹克运动数字化教材开发与课程实施方案研究》（批准号 23GJYBJ058）
哈尔滨体育学院引进人才科研启动项目
《国家文化记忆下北京冬奥遗产的数字化保护与民族共同体价值开显》（批准号 RC21-20224）

冬季奥林匹克运动课堂多元价值研究

赵明元　著

重庆出版集团　重庆出版社

图书在版编目（CIP）数据

冬季奥林匹克运动课堂多元价值研究 / 赵明元著.
重庆：重庆出版社, 2024.7. -- ISBN 978-7-229
-18853-5

Ⅰ. G807.01

中国国家版本馆 CIP 数据核字第 2024YW7095 号

冬季奥林匹克运动课堂多元价值研究
DONGJI AOLINPIKE YUNDONG KETANG DUOYUAN JIAZHI YANJIU
赵明元　著

责任编辑：燕智玲
责任校对：冉炜赟
装帧设计：寒　露

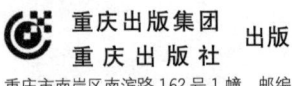

重庆出版集团　出版
重庆出版社

重庆市南岸区南滨路162号1幢　邮编：400061　http://www.cqph.com
河北万卷印刷有限公司印刷
重庆出版集团图书发行有限公司发行
全国新华书店经销

开本：710mm×1000mm　1/16　印张：13.25　字数：186千
2024年7月第1版　2024年7月第1次印刷
ISBN 978-7-229-18853-5

定价：78.00元

如有印装质量问题，请向本集团图书发行有限公司调换：023-61520678

版权所有　侵权必究

前　言

当今世界，全球化的步伐日益加快，国际交流合作日益频繁，文化交融的程度随之加深。在这样的大背景下，体育作为文化交流的重要载体，自然成为各国人民交流的重要桥梁。体育赛事，尤其是奥林匹克运动会，不仅是展示体育竞技水平的平台，更是各国文化碰撞交融的舞台。因此，冬季奥林匹克运动的重要性不言而喻。

本书以冬季奥林匹克运动为主题，旨在揭示冬季奥林匹克运动课堂的多元价值，同时研究和推广其在我国学校体育中的应用，并深入探索冬季奥林匹克运动在我国学校体育中的深远影响，从而推动冬奥文化在我国的广泛传播与深入发展。

第一章向读者展示了冬季奥林匹克运动的起源及包含的价值。通过对冬季奥林匹克运动的深度剖析，人们可以进一步理解其带给全人类的极大影响和深远价值。

第二章以"从北京到北京"的视角，深度解读了我国的冬季奥林匹克情怀。中国的冬奥精神，彰显的不仅是运动员的拼搏精神，更是一种源于民族魂的勇气、责任与担当，以及城市的荣耀与光辉。这一章将对这种深深植根于中国人心中的冬奥情怀进行详尽揭示。

第三章着重探讨了冬季奥林匹克运动如何引导学校体育坚持享受乐趣的本真、增强体质、锤炼意志，以及致力学生健全人格的发展。该章节将揭示冬季奥林匹克运动如何与学校体育相融合，为培养具有全面素质的新一代中国人发挥重要作用。

第四章从四个方面深入探讨了冬季奥林匹克运动课堂的价值，包括激发学生运动参与的兴趣、促进学生能力提升、推动学生个性的培养以及塑造学生行为习惯。

第五章展示了冬季奥林匹克运动课堂多元价值最大化呈现的路径。具体来讲，从完善顶层设计、强化多元协同参与、持续监控与改进、提升科学管理水平，以及打造富有冬奥情怀的学校体育新业态五个角度，提出了相应的建议和对策。

第六章对冬季奥林匹克运动课堂的未来进行了展望。从冬奥文化在冬季奥林匹克运动课堂的深度推广、跨文化交流在冬季奥林匹克运动课堂的全面开展、多样化教学方式在冬季奥林匹克运动课堂中的有效应用三个方面，对未来的可能性进行了预设和思考。

希望本书提供的理论研究和实践探索，能对我国冬季奥林匹克运动的发展，以及冬季奥林匹克运动在学校体育中的推广与应用提供有价值的参考。随着冬奥文化在我国的深入推广，越来越多的学生将走进冬季奥林匹克运动的世界，享受运动的快乐，感受冬奥精神的力量，同时全面提升身体素质。

目 录

第一章　冬季奥林匹克运动的起源与价值分析……………001

　　第一节　冬季奥林匹克运动的起源……………………001
　　第二节　冬季奥林匹克运动的价值分析………………007

第二章　从冬季奥林匹克运动课堂角度解读我国的冬奥情怀……017

　　第一节　揭示国家追求更快、更高、更强的奥林匹克格言……017
　　第二节　展现城市的荣耀与光辉………………………021
　　第三节　抒发国人的勇气、责任、担当………………024

第三章　冬季奥林匹克运动对我国学校体育的影响…………027

　　第一节　学校体育应始终坚持享受乐趣的本真………027
　　第二节　学校体育应始终将增强学生体质作为基本任务……038
　　第三节　学校体育应始终将锤炼学生意志作为重要目标……049
　　第四节　学校体育应始终致力学生健全人格发展……059

第四章　冬季奥林匹克运动课堂多元价值的呈现……………073

　　第一节　沉浸式体验激发运动参与的兴趣……………073
　　第二节　锤炼与成长中促进能力的提升………………089
　　第三节　寓教于乐过程推动学生个性的培养…………104
　　第四节　榜样及积极态度塑造学生的行为习惯………118

第五章　冬季奥林匹克运动课堂多元价值最大化呈现的路径 ……… 127

第一节　多角度完善冬季奥林匹克运动课堂推广的顶层设计·127
第二节　强化资金、人员、技术方面的多元协同参与 ……… 142
第三节　冬季奥林匹克运动课堂的持续监控与改进 ……… 153
第四节　全面提升冬季奥林匹克运动课堂科学管理水平 …… 156
第五节　打造富有冬奥情怀的学校体育新业态 ……… 173

第六章　冬季奥林匹克运动课堂的未来展望 ……… 181

第一节　冬奥文化在冬季奥林匹克运动课堂中的深度推广 …… 181
第二节　跨文化交流在冬季奥林匹克运动课堂中的全面开展·191
第三节　多样化教学方式在冬季奥林匹克运动课堂中的有效
　　　　应用 ……… 194

参考文献 ……… 199

第一章　冬季奥林匹克运动的起源与价值分析

第一节　冬季奥林匹克运动的起源

一、夏季项目和冬季项目的分离

(一)夏季项目和冬季项目的分离

1924年成为奥运会历史上的一个转折点，这一年，原本并列在一起的夏季项目与冬季项目实现分离。这个看似简单的分离实际上带来了深远的影响，它使得夏季和冬季项目能在相应的季节开展，产生了积极的效果。

这样的分离解决了因季节差异导致的许多困难。在此之前，所有奥运会项目在同一时间段进行，这对组织者来说，挑战重重。有些运动项目受季节影响较大，如冰雪运动更适合在冬季开展，而田径、游泳等更适合在夏季开展，两类项目在同一时间段举行，会产生很大的矛盾。分离后，冬季奥运会和夏季奥运会能在各自适宜的季节进行，这样既保证了各项运动的正常进行，又大大降低了组织比赛的难度，还避免了比赛时间过长的问题。奥运会覆盖的运动项目繁多，如果不进行有效的划分，很可能导致比赛时间过长，这样既增加组织者的压力，也会使观众的注意力难以集中。通过分离，夏季奥运会和冬季奥运会可以在更短的时间内完成，这样可以使比赛更为紧凑和激烈，同时提升比赛的观赏性。

（二）冬季项目的独立舞台

在与夏季项目分离后，冬季项目拥有了属于自己的独立舞台。这样既符合冬季运动项目的特性，也能更好地展示冬季运动的独特魅力。例如，滑雪、滑冰、冰球等项目，都需要在冰雪覆盖的环境下进行。这样的运动项目与夏季项目有着本质的区别，因此，将冬季项目与夏季项目分离，是极其必要的。

冬季运动有其独特的魅力。无论是滑雪运动员在雪道上的优美身姿，还是冰球运动员在赛场上的激烈对抗，都给人们留下了深刻的印象。这些项目如果混合在夏季项目中，可能会被忽视。但在冬季奥运会这个独立的舞台上，这些项目的魅力得以充分展现。

二、冬季运动周的举办

（一）首次冬季运动周

1924年，法国的夏慕尼市历史性地举办了一次被称为"国际冬季体育运动周"的大型比赛。它的成功举办为后来冬季奥林匹克运动会（简称冬季奥运会、冬奥会）的诞生铺平了道路，且在该运动周结束的两年后，国际奥委会正式确认这届比赛为第一届冬奥会。

此次运动周涵盖冬季运动的多个项目，如滑雪、冰球等，标志着一种全新的、集合各类冬季运动的大型赛事的诞生。各个参赛项目都秉承奥林匹克精神，举行了激烈而公正的比赛。运动员在赛场上尽情展示技艺，展现出对冬季运动的热爱与执着，令在场的观众大为震撼。此次运动周吸引了众多国家和地区的运动员参与，有16个国家和地区的258名运动员积极报名参加了比赛。广泛的参与度，使得比赛具有了更高的观赏性和竞技性，也使得冬季运动的影响力在全球范围内扩大。并且，此次运动周的成功证明了举办一个专门针对冬季运动的大型赛事是可行的，也是必要的，还使人们看到了冬季运动的巨大潜力，也为之后冬奥会的举办提供了宝贵经验。

（二）冬奥会的初步形成

国际冬季体育运动周的举办，无疑为冬奥会的正式成立播下了种子。该运动周的成功举办不仅激发了全世界对冬季运动的热爱，而且证明了冬季运动项目的比赛具有很高的观赏性和竞争性。在这次比赛中，每一位运动员都通过激烈的角逐展现了各自的才华，引起了全世界观众的强烈共鸣。其间，各国运动员在赛场上的出色表现，无疑让全世界的人们看到了冬季运动的独特魅力。无论是疾驰的滑雪者，还是在冰场上激战的冰球运动员，都让人深深地感受到了冬季运动的激情与魅力，从而引发了全球范围内人们对冬季运动的广泛关注，使得人们认识到冬季运动的潜力。

还要强调一点，即这次运动周的组织和实施也表明了冬季运动的比赛具有高度的可行性。有了这次经验，后来的冬奥会得以更顺利地进行。各种规则的制定、比赛的组织以及奖牌的颁发等一系列工作的成功执行，都证明了冬季运动比赛可以进行得如此圆满和成功。而国际奥委会也正是基于以上种种原因，看到了冬季项目的巨大潜力，决定创建一个专门的平台来展现冬季运动的魅力。这就是后来的冬奥会。这个新的平台不仅为运动员提供了展现自己的舞台，而且进一步推动了冰雪运动的普及和发展。

（三）夏慕尼市的作用

法国的夏慕尼市，被阿尔卑斯山脉环绕，其冬季寒冷的气候和富有挑战性的地理环境，使之成为冬季运动的理想之地。这座城市承载着冬奥会的历史烙印，因为正是这里，揭开了冬奥会的序幕，由此也让这座城市与冬奥会结下了不解之缘。陡峭的山坡、寒冷的气候、覆盖的积雪，使这座小城成为各种冬季运动比赛的理想场地。无论是滑雪还是滑冰，夏慕尼市都能提供足够的挑战和刺激，让运动员尽情施展技艺，全力争夺荣誉。

夏慕尼市的成功举办经验，为之后的冬奥会提供了重要的借鉴。例如，如何合理利用自然环境设置比赛场地，如何在极寒条件下确保比赛的顺利进行，如何有效管理和协调各项事务，等等。当然，夏慕尼市的影响力并不仅限于此。举办国际冬季体育运动周的经验，也让这座城市在国际上声名远播，吸引了无数冬季运动爱好者和游客的目光，引发了全世界对冬季运动的热爱和追求。

三、冰雪运动的普及与发展

（一）冰雪运动的普及

19 世纪末至 20 世纪初，一场冰雪运动的热潮席卷了欧美国家。滑雪、滑冰、冰球等冰雪运动逐渐融入人们的日常生活，成为一种深受欢迎的运动方式。寒冷的冬季，不再是宅在家中的季节，而是尽享冰雪魅力、热衷冬季运动的时光。以前，人们常常认为冬季寒冷、枯燥，但随着冰雪运动的流行，这个观念被彻底改变。滑雪、滑冰等冰雪运动让人们在雪地上畅享速度与激情，展现精彩绝伦的竞技风采。

冰雪运动的普及，也让这些运动走向了专业化和竞技化。运动员通过严格训练，不断提升自己的技能和水平，参加各类比赛，向人们展现冰雪运动的独特魅力。观众则被这些充满激情的比赛所吸引，愿意花费时间和精力前来观赛。在这样的背景下，冰雪运动不再只是一种单纯的体育活动，更演变成一种深入人心的文化现象，一种全民参与、乐在其中的健康生活方式。冰雪运动的普及，不仅丰富了人们的生活，也为冬奥会的设立创造了条件。在此基础上，人们开始接受冬季运动也是竞技体育的一部分的观念，并期待一个可以全面展示冬季运动魅力的舞台。

（二）冰雪运动的发展

随着冰雪运动的不断发展，各式各样的比赛逐渐兴起。这些比赛既为冰雪运动的普及做出了重要贡献，也进一步提升了冰雪运动的规模、水平和影响力。各类冰雪运动比赛的设立，无疑为运动员提供了竞技的舞台，激励他们努力提高自己的技术和体能，以在激烈的竞争中脱颖而出。这些比赛的存在，给运动员带来了直接的竞技挑战和锻炼机会。在这样的环境下，运动员的竞技水平迅速提高，冰雪运动也因此变得越来越精彩、越来越吸引人。

在这样的大环境下，各种冰雪运动组织也纷纷成立，在一定程度上推动了冰雪运动的进一步发展。这些组织不仅负责管理和推广冰雪运动，为比赛的顺利进行提供保障，还承担选拔和培养运动员的任务，为冰雪运动的长期发展提供了稳定的人才支持。这些组织在实践中积累了丰富的经验，形成了完善的组织架构，为冬奥会的举办提供了重要参考。值得一提的是，冰雪运动的发展并没有仅仅停留在运动本身。随着各类比赛和组织的成立，冰雪运动开始向社会的各个领域延伸，影响了人们的生活方式和观念。人们开始认识到，冰雪运动不仅是一种激情四溢的体育活动，也是一种健康、积极的生活方式，一种享受生活、享受冬季的方式。这种认识的改变，进一步推动了冰雪运动的发展。

（三）冰雪运动对冬奥会的影响

冰雪运动的广泛普及和持续发展在冬奥会的成立过程中起到了至关重要的作用。冰雪运动的普及使得越来越多的人对冬季运动产生了浓厚兴趣，也使得冬奥会有了丰富的项目和众多的参与者。冰雪运动的发展使得国际奥委会看到了举办冬奥会的可能性和潜力，进而成为冬奥会成立的重要驱动力。被大众广泛接受和喜爱的冰雪运动项目，如滑雪、滑冰、冰球等，以其独特性和观赏性吸引了大量的观众，使冬奥会成为一项深受欢迎的国际性体育赛事。不仅如此，各种冰雪运动组织的成立和比赛的设立，也为举办冬奥会提供了实践经验。这些经验和架构的存在，无疑为冬奥会的顺利进行提供了有力保障。

四、冬奥会的独立

冰雪运动因其季节性，与夏季项目有着本质的区别。无论是从比赛的形式还是从观众的体验角度来看，冰雪运动都需要特定的场地、设备和条件。冬季项目与夏季项目一起举办，无疑增加了组织者的负担，也导致比赛的质量和效果受到影响。因此，分离冬季与夏季项目的需求应运而生。另外，随着奥运会规模的扩大，奥运会的持续时间逐渐延长，人力、物力的耗费日益增大。这不仅给组织者带来了巨大的压力，也影响了观众的观赛体验。

为应对奥运会日益扩大的规模和日益增长的人力、物力消耗，以及为了更好地展现冬季运动的独特魅力，冰雪项目最终被单独分离出来，冬奥会应运而生。

冰雪项目的独立，标志着冬奥会将从原有的奥运会体系中分离出来，成为一场全新的赛事。这是一项历史性的变革，不仅有利于缓解奥运会持续时间过长和人力、物力消耗过大的问题，更有利于冬季运动的发展和繁荣。冬奥会的独立为冰雪运动员提供了一个全新的舞台，使他们有机会在专为冬季运动项目设置的比赛中一展身手，更好地展现冰雪运动的魅力和价值。冬奥会的独立改变了奥运会的历史走向，形成了一种新的奥运会模式。这种模式不仅解决了冬季与夏季项目合并带来的诸多问题，也使得冬奥会能够在自己的道路上自由发展，充分展现其独特的魅力和价值，更好地推动冬季运动的普及和发展。

第二节 冬季奥林匹克运动的价值分析

一、激发全民参与冰雪运动的热情

冬季奥林匹克运动以其特有的冰雪魅力吸引了全球的目光，冰雪运动以其独特的风采激发了大众对运动的热情，让更多的人愿意融入其中。冬天，伴随着丝丝寒意，也带来了雪的世界，在这样的环境下运动，不仅能体验到冰雪带来的欢乐，更能在快乐的运动中锻炼身体，增强体质。

在冬奥会的热烈氛围中，冰雪运动变得越来越受欢迎。人们积极地参与冰雪运动，充分感受冬季的乐趣，享受冰雪带来的快乐。冬奥会的举办，让更多人了解到冰雪运动的种类，体验到冰雪运动的魅力，尽情享受冰雪带来的快乐。冰雪运动以其独特的风采，激发了人们对运动的热爱，使人们在享受运动的过程中，也能认识到体育运动对身心健康的重要性。总之，冬季奥林匹克运动不仅让运动员有了展示自我、赢取荣誉的舞台，也让全民有了参与冰雪运动、感受冰雪运动魅力的机会。

二、提升全民身体素质与弘扬奥林匹克精神

（一）提升全民身体素质

冰雪运动的魅力在于其对人的身心的全面挑战。它不仅需要运动

员具有力量和耐力，还需要他们拥有勇气和毅力去挑战极限，应对冰雪带来的各种挑战。因此，冰雪运动对提升全民的身体素质具有显著的效果。在冬奥会的带动下，无论是专业运动员还是普通大众，都有了更多接触全方位体能训练的机会。

如今，冰雪运动成为一种全民运动，更多的人在其中找到了乐趣，尝试了各种冰雪项目，享受了冰雪带来的快乐。这样广泛的参与度，使得冰雪运动对提升全民身体素质的影响进一步放大。更重要的是，人们不仅增强了自身体质，还培养了积极向上的生活态度和健康的生活习惯。而且，这种积极影响并不仅仅停留在冬奥会期间，还深深影响着人们的日常生活。

（二）弘扬奥林匹克精神

冬奥会是全球体育盛事，是向奥林匹克精神致敬的绝佳机会。在寒冷的冬季，竞技场上运动员奋力争先，传递出的公平竞争、和平友谊、自我挑战和超越的精神，通过冬奥会的形式，深入人心，从而在全球范围内得到传承和弘扬。

赛场上，每一个运动员都在尽力展示自己的实力，向着金牌奋力拼搏。他们以能力和努力为基础公平竞争，使人们对公平竞争的理念有了更深刻的理解，从而在日常生活中更加重视和倡导公平竞争。冬奥会期间，虽然运动员在赛场上奋力争先，但在赛场下，他们可以放下竞争，彼此尊重，相互学习，建立深厚的友谊。这种和平友谊的精神，通过冬奥会得到广泛传播，从而让更多的人了解到竞技体育的真正魅力。赛场上，运动员挑战自我，超越自我，展示出了人类对极限的追求和不屈不挠的精神。这种精神激励着全世界的人们，鼓励人们在日常生活中也挑战自我，追求超越。

三、促进文化交流与增强民族凝聚力和自豪感

（一）全球性的体育交流平台

冬奥会，是全世界顶尖冰雪运动员的一次盛会。赛场上，运动员共享挑战与胜利的喜悦，以及对冰雪运动的热爱与追求。这种超越国界、语言和文化差异的交流，基于共享的体验以及对奥林匹克精神的共同尊重。在这样的交流中，体育的普遍性和全球性得到充分展现。运动员在冰雪的世界里寻求自我超越，而无论他们来自何方、文化背景如何，他们的挑战和胜利都能引起全球观众的共鸣。

另外，在冬奥会的舞台上，各个国家和地区都有机会展示自己独特的文化，这为增进人们对不同文化的理解提供了宝贵的机会。这种多元文化的交融，让冬奥会成为一个全球性的文化交流平台。这样的交流并不限于运动员，观众也在这个过程中共享这种体验。全世界的观众都关注着冬奥会，他们通过电视、互联网以及其他媒体，看到了不同国家和地区运动员的风采，感受到了他们的奋斗拼搏。这种全球范围内的共享体验，成为连接不同人群、促进他们互相理解和尊重的重要方式。这无疑实现了全球范围内的人文交流，全世界的人们不仅能共享体育的喜悦，还能了解和学习不同的文化。

（二）宣传承办国文化

冬奥会作为全球性的体育盛事，使承办国拥有了在全球范围内展示其文化的舞台。文化的交流和展示成为赛事的重要部分。展示自身文化，是承办国向全世界传递其国家形象的重要途径，也是让全世界更深入了解其历史、艺术、风俗和民间传统的机会。因此，承办国可借冬奥会之机，通过丰富多彩的文化活动，将国家的历史文化、艺术成就以及民间传统等呈现给全球观众。这些展示不限于比赛期间，还延伸至前期

筹备和赛后的各类活动。例如，开幕式和闭幕式上的文艺表演，就是一个展现国家文化底蕴的绝佳机会。借此机会，承办国可以展现其丰富的历史和文化遗产，让全世界的人们感受和了解自己的国家。

另外，承办冬奥会也是展示国家现代文化和科技实力的机会。从冬奥会场馆的设计和建设到赛事的组织和执行，都是承办国现代文明和科技实力的体现。通过成功承办冬奥会，承办国可以向全世界展示其现代化的城市面貌和高效的社会运行机制。而对于承办国的国民来说，看到自己国家的文化在全球舞台上得到展现，能够增强他们对国家的认同感，从而有利于增强社会凝聚力，推动社会的发展进步。

（三）增强民族凝聚力和自豪感

冬奥会是全球关注的体育盛事，成功承办这样的大型活动，无疑是对承办国国力和组织能力的极大考验。通过成功承办冬奥会，无数的精彩瞬间和难忘记忆被创造并流传，这些都能够激发国民的民族凝聚力和自豪感。

无论是运动员在赛场上的优秀表现，还是赛事组织者在赛场背后的高效运作，都能让承办国国民感到自豪。运动员的胜利和荣誉，是全体国民的胜利和荣誉。运动员的坚忍和毅力，是国民精神的体现，激励着每一位观众和他们共享胜利的喜悦，同时共同承受挫折的痛苦。这样的共享感情，无疑增强了人们之间的联系，有利于激发强烈的民族自豪感。而赛事组织者的高效运作，也让国民感受到了国家的力量。赛事组织者在为期几周的赛事中，精心筹备，细致运营，不仅确保了比赛的顺利进行，也让来自全球的运动员和观众感受到了赛事的专业。每一处细节的优秀表现，都让国民进一步增强了对国家的认同感和自豪感。

当国民因国家承办冬奥会而团结起来，共同为了一个目标努力时，这种凝聚力是任何其他方式都难以达到的。这不仅能够增强民族凝聚力和自豪感，而且对国家的长期发展也有深远影响。这种影响可能体现在国民对体育的热爱上,也可能体现在国民对国家认同感的提升上,甚至可能激发出国民更大的爱国热情。在这个过程中,民族凝聚力和自豪感的增强是相辅相成的。只有当人们对自己的国家有足够的自豪感,才能更好地团结起来,共同面对挑战,共同追求进步。同样,民族凝聚力的增强,也会让国民对国家的认同感和自豪感有进一步的提升。这样的正向循环,对一个国家的长期发展是非常有利的。

四、增强环保意识与推进绿色发展

(一)增强社会公众的环保意识

筹办冬奥会是一项涉及多个领域的复杂任务,其中环境保护问题便是关键的一环。各种环保理念和绿色策略,如节能减排、生态保护、环境治理等被广泛应用在赛事筹备中。而这些理念和策略可以通过赛事的巨大影响,进一步增强社会公众的环保意识。

冬奥会的筹备涉及广泛的领域,包括交通、餐饮、住宿、娱乐等,这些领域的绿色化改造,给公众展示了环保实践的具体形式和可能性。对于观众来说,在享受赛事的同时,这些绿色化改造能够使他们更深入地理解环保的重要性,也会激发他们在日常生活中积极实践环保行为。而公众环保意识的增强,不仅体现在个人生活层面,也体现在社会行为中。例如,人们在购物、出行、餐饮等方面,更倾向于选择环保的方式和产品。这样的变化,有利于全社会达成环保共识,推动更多环保政策和措施的实施。这也意味着冬奥会的举办,就像一面镜子,反映了承办国在环保问题上的态度和行为。每一次环保实践,都可能影响到观众,从而增强他们的环保意识,引导他们走向更绿色的生活方式。

(二)推动绿色发展

在冬奥会的筹备过程中,绿色发展理念体现在各个方面,成为推动可持续发展的有力指导。这一理念的贯彻，赋予了冬奥会更深远的价值和意义，也让全球观众更加了解并接纳绿色发展理念。

赛事场馆的设计和建造应充分考虑能源效率，采用绿色建材，运用智能化技术，以降低能源消耗，减少对环境的影响。这些绿色建筑不仅是赛事场地，更是展示绿色建筑理念的生动样本。在交通方面，冬奥会也积极推动绿色出行。利用公共交通系统，推广低碳出行，以减少对环境的影响。这些是对全社会推广绿色出行方式的有力示范。在餐饮服务上，绿色食品理念同样得到了体现。赛事期间，优质的有机食品、环保包装，都展现了承办国对环境友好的承诺，也让观众对绿色食品有了更深刻的认识。这种绿色理念的贯彻，不局限于冬奥会的筹备和举办过程，冬奥会结束后，这些绿色建筑和公共设施将继续服务大众，这种绿色理念也将影响着每一个人的日常生活。人们在享受更好的生活品质的同时，将进一步认识到绿色发展的重要性，从而推动社会的可持续发展。

（三）倡导环保实践活动

冬奥会筹备及举办过程，成为推动环保实践活动的良好契机。环保实践活动体现在赛事的方方面面，为绿色发展提供了具有指导意义的经验。

冬奥会的运动场馆是环保实践活动的主要载体。场馆的建设始终秉持环保理念，将可再生能源和低碳建材的使用贯穿始终。可再生能源的广泛应用，减少了对化石燃料的依赖，能有效降低赛事对环境的负面影响。低碳建材的使用，更是将环保理念贯穿到建设的每一个细节。此类材料在降低碳排放的同时，提高了能源利用效率，为后续的运营管理带来便利。而且，绿化带、环保灯具、节水设施等，充分体现了环保实践活动的广泛和深入。这些设施不仅美化了环境，也为节能减排做出了实实在在的贡献。由此可见，无论是赛事的筹备，还是运营管理，都在尽可能地减少对环境的影响。

五、驱动经济发展与推进城市建设

(一) 激活相关行业发展

冬奥会是一场全球关注的体育盛事，其巨大的经济影响力使各行各业受益匪浅。对那些与体育赛事紧密相关的行业来说，如旅游、餐饮、住宿、交通和广告等，冬奥会无疑是一次难得的发展机遇。每当奥运会来临，全球各地的观众纷纷涌向举办城市，他们不仅要欣赏精彩的赛事，更希望能在这个过程中深入了解当地的城市，体验当地的人文风情。这对旅游业的发展起到了巨大的推动作用，并对活跃城市经济、刺激消费市场具有积极作用。观众的到来，不仅让餐饮业充满了商机，也为住宿业带来了无尽的发展可能。此时，餐饮业可以通过提供多元化、地道的美食，满足观众的口味需求，为他们带来独特的美食体验。这不仅能使餐饮业得到发展，同时能为城市的餐饮文化注入新的活力。同样，来自全球各地的观众需要寻找合适的住所，这使得住宿业面临着前所未有的商业机会。无论是星级酒店，还是民宿、公寓等各种住宿设施，都迎来了客源的大幅增长，业务量显著提升。

冬奥会的举办，引发了全球各地观众向承办城市的大量涌入。此时，交通业的发展尤为关键，其要迅速响应并适应这种客流量的爆发性增长。不仅公共交通——航空、铁路、公路及城市内的公交车、地铁等——的需求量大幅度提升，而且出租车、快车、专车等的需求量也大幅提升。赛事期间，交通的繁忙体现出了城市的繁荣。这些行业的活跃，给城市经济带来了新的活力，同时为赛事的顺利举办提供了有力保障。而且，冬奥会也为广告业带来了巨大的发展机遇。广告商通过冬奥会这样的大型赛事，有机会将品牌推向全球，获取更高的曝光度。

冬奥会这一全球盛事的举办，为各行业提供了巨大的发展机遇。各行业若能抓住这一难得的机会，迅速扩大业务规模，不仅能实现自身的成长，还能为城市经济发展注入强大的活力。这些行业的蓬勃发展，是对城市经济韧性和活力的生动诠释，也让人们看到了城市的繁荣和活力。通过这样的方式，冬奥会帮助承办城市实现了经济效益和社会效益的双重提升，对推动城市建设和经济发展起到了不可忽视的作用。

（二）提升承办城市形象

冬奥会的举办如同世界舞台上的一台大戏，吸引着全球观众的目光。这为承办城市展示自身的独特魅力、提升城市形象提供了难得的机会。从赛事的筹备到执行，无不体现了承办城市的组织协调能力、资源整合能力及执行力。举世瞩目的赛事的成功举办，无疑向全世界展示了承办城市的强大实力。运动场馆的完美设计、赛事的顺利进行、赛后的精心维护，都在彰显承办城市的管理水平和服务质量。这种实力的展示，能提升承办城市的国际地位。

赛事期间，承办城市的美丽景色、特色建筑、丰富的文化活动等，都有可能成为吸引全球目光的焦点。这些元素共同构建出承办城市的独特魅力，吸引更多人去探索。冬奥会不仅仅是一场体育竞技，更是一场文化交流。在这个过程中，承办城市的历史传承、民族风情、文化艺术等都得到充分的展示。举办国的特色、历史文化等在这个过程中被全球观众所了解，从而有利于增强举办国的文化影响力并提高国际地位。

（三）推动承办城市基础设施建设

冬奥会的举办，对承办城市的基础设施提出了极高的要求。大规模的基础设施建设和改造，不仅能满足冬奥会的需求，更是对城市整体功能性和舒适性的全面提升。

其中，运动场馆的设计与建造不仅需要满足国际竞赛标准，而且需要考虑到观众的观赛需求。这就需要对场地设计、建设、管理等方面进行全面考虑和规划。而这些新建或者改造的运动场馆，也将在赛事结束后，为城市提供更多的体育设施，丰富城市的公共空间，为市民的休闲生活提供更多选择。同时，为了确保运动员、观众和工作人员的顺利出行，承办城市需要对交通网络进行全面升级和改造，包括道路改造、公共交通优化、交通指引系统升级等。这些改造和优化，不仅能保证赛事期间的交通畅通，还能大大提高承办城市的交通便捷性，对解决交通问题有着显著的效果。并且，为了确保赛事的顺利进行，承办城市还需要提升公共服务设施的水平，包括卫生、治安、应急、信息服务等各个方面。这就要求承办城市对现有的公共服务设施进行全面评估和改进，以提供更好的公共服务，为市民和来访者提供更为便捷和舒适的环境。

第二章 从冬季奥林匹克运动课堂角度解读我国的冬奥情怀

第一节 揭示国家追求更快、更高、更强的奥林匹克格言

一、持续追求卓越

(一) 追求竞技水平的卓越

追求竞技水平的卓越,并不仅指体育场上的胜利,更是学生个体的成长和突破。体育课带给学生的不仅是体验运动的乐趣和学习相关的运动技能,更重要的是,通过不断地挑战自我和追求竞技水平的卓越,养成良好的锻炼身体的习惯。这是一个自我超越的过程,也是学生对自我极限的挑战,通过这样的挑战,学生可以了解到自己的潜力,从而深化自我认识,提高自我价值。

我国在冬奥会取得的成绩,证明我国运动员的竞技水平已经达到了世界一流的水平。高校作为培养运动员的重要基地,应不断提高教学质量和训练效果,为国家输送更多优秀的运动员。这种追求卓越的精神,既是一种体育精神的体现,也是一种国家精神的体现。

（二）追求组织和服务的卓越

高校体育不仅要做好学生的体育教学，更要在活动的组织和服务上达到卓越的水平，为学生提供一个良好的体育学习环境。在实际的教学过程中，教师需要精心组织教学活动，保证教学活动的顺利进行。在服务上，教师需要关注学生的学习需求，为学生提供个性化的指导和帮助，使学生在愉快的氛围中享受体育的乐趣。

我国在举办奥运会的过程中，始终注重服务和组织的卓越。无论是2008年的夏季奥运会还是2022年的冬季奥运会，我国都精心筹备，全力以赴，为运动员和观众提供一流的服务，得到了国际社会的广泛认可。这种对服务和组织卓越的追求，也体现在高校体育的教学中。高校体育教师以学生为本、注重服务、精心组织，让每一名学生都能在体育学习中收获成长，享受快乐。

二、开阔视野，传播中国文化

（一）开阔视野

高校体育，以其特殊的地位和影响力，不仅在中国，更是在全球范围内起着推动体育文化交流、促进体育发展的重要作用。高校以开放包容的态度面对世界，以广阔的视野理解各国体育文化，进而把这些理解融入体育教学中，使其成为学生了解世界、增强跨文化交流能力的重要途径。

"友谊第一，比赛第二"，是奥林匹克运动所倡导的精神，也是高校体育积极践行的理念。这种践行，体现在课程设置、教学内容、教学方法等方面，形成了独特的教学特色和文化氛围。例如，冬季奥林匹克运动课堂不仅包括滑冰、滑雪等常规项目，还引入了各国特色的冰雪运动项目，通过实践教学，让学生有机会接触、了解和学习世界各国的冰雪运动文化。

（二）传播中国文化

高校体育也是传播中国文化、展现中国魅力的重要途径。在冬季奥林匹克运动课堂中，学生不仅可以学习和掌握冰雪运动技能，还可以了解中国的冰雪运动历史以及与之相关的中国传统文化。如今，我国在冬奥会上取得了举世瞩目的成绩，中国冰雪文化也逐渐走向世界，这背后离不开高校体育的积极推动和努力。

此外，高校体育还承担着传播和推广中国传统体育文化的重要责任。在冬季奥林匹克运动课堂上，学生有机会了解和学习中国的传统冰雪项目，如溜冰、滑雪等，这些都是中国传统体育文化的重要组成部分。在享受冰雪运动乐趣的同时，学生可以深入了解和体验中国的传统文化，从而增强对中华文化的认同感和自豪感。

三、传播奥林匹克精神

奥林匹克精神的核心是强调对卓越的追求，对个人极限的不断突破。冬季奥林匹克运动课堂是展现奥林匹克精神的重要平台。通过实践性强、竞技性强的冬季运动，学生可以真切感受到运动的激情与挑战，学习如何面对困难，如何超越自我，这对他们的个人成长和形成积极人生态度具有重要意义。

在课堂中，教师会引导学生理解"更快、更高、更强"，不仅是对体育成绩的追求，更是一种生活态度，一种永不停歇、永远向前的精神追求。这意味着面对生活中的困难与挑战，学生需要有坚忍的意志、积极的态度，敢于挑战，勇于突破。奥林匹克精神的传递，能够使学生在挑战中建立自信，更加明确自我提升和成长的方向。

奥林匹克精神不仅强调"更快、更高、更强"，还重视公平竞赛与尊重对手。在冬季奥林匹克运动课堂上，学生会在教师的引导和自身的实践中，了解并体验到公平竞赛的重要性。无论什么运动项目，都需要遵守比赛规则，公平对待每一个对手。公平竞赛并不仅仅是竞技体育的基本原则，也是社会生活中的重要原则。它关乎道德品质与公正正义，是构建和谐社会、保证社会公平的基础。

尊重对手也是奥林匹克精神的重要体现。每一个对手，都是提升自我、挑战极限的重要推动力。尊重对手，意味着尊重他人，尊重每一个和自己一起奋斗、一起进步的人。在这个过程中，学生可以建立起对竞技、对对手的正确认识，形成正确的价值观，这对完善他们的人格、增强他们的社会适应能力具有深远影响。这也是高校体育，特别是冬季奥林匹克运动课堂的重要任务和目标，即通过体育，促进学生全面发展，为社会输送更多的优秀人才。

四、提升冰雪运动普及率

冰雪运动不仅能够锻炼身体，提高身体素质，而且能增强人的耐寒能力，提高身体对寒冷环境的适应性。这是冰雪运动与其他运动相比的独特优势。在冬季奥林匹克运动课堂中，学生有机会接触和参与各种冰雪运动，如滑雪、滑冰、冰球等。这些运动项目不仅能够让他们在运动中享受乐趣，锻炼身体，还能让他们在冰雪中体验挑战和克服困难的乐趣，培养他们坚韧不拔的意志和积极向上的态度。

冬季奥林匹克运动课堂不仅是学生接触和参与冰雪运动的重要途径，也是学生养成积极参与体育运动习惯的重要平台。在课堂中，学生在教师的引导下，学习冰雪运动的基本技能，理解冰雪运动的规则和精神，享受冰雪运动的乐趣。这种从小培养的运动习惯，对他们的身心健康，具有积极和深远的影响。

过去，出于各种原因，冰雪运动在我国并不普及，但随着冬奥会的举办以及冰雪运动的普及和推广，冰雪文化逐渐进入公众视野。冰雪文化不仅包括冰雪运动的规则、技术，还包括对冰雪的敬畏、对自然的尊重、对挑战的无畏。这些都是冰雪文化的重要内容，也是学校体育要传承和发扬的精神。

在冬季奥林匹克运动课堂上,教师不仅教授冰雪运动技能,更通过冰雪运动介绍中国的冰雪文化,引导学生理解和欣赏冰雪文化的魅力。

第二节 展现城市的荣耀与光辉

一、城市的荣耀

(一)城市的骄傲与自豪

当一座城市成功承办冬季奥运会,这座城市的骄傲与自豪是毋庸置疑的。因为承办奥运会不仅代表了一项极高的荣誉,更象征着城市的实力与影响力。从策划、准备到执行,需要精密的计划,卓越的组织能力,大量的人力、物力以及强大的执行力。无数人的辛勤付出与努力,使这座城市实现了一个梦想,也使这座城市的人民感到无比骄傲与自豪。

冬季奥林匹克运动课堂的开设,同样能够使学生感受到这种骄傲与自豪。在课堂上,学生不仅能够学习冬季运动的知识,提高运动技能,更能够深入理解奥林匹克精神,感受承办奥运会的荣耀。这种深刻的感受,使他们对自己生活的城市产生了更深的认同感与归属感,从而更加热爱自己的城市。

(二)彰显城市文化

每个城市都有自己独特的历史与文化,冬季奥林匹克运动课堂正好提供了一个展示城市文化的平台。学校可以将城市的历史与文化融入冬季奥林匹克运动课堂中,使学生在学习体育知识、提高运动技能的同时,更深入地了解自己所在的城市,了解自己生活的环境。这不仅能使学生更加珍视和尊重自己所在城市的文化，也有助于他们形成积极、健康的价值观。

这样一来，无论是对城市的认同感，还是对城市文化的尊重与理解，都使得城市的荣耀更加耀眼，城市的形象更加深入人心。因此，城市对承办冬季奥运会的追求，也是城市对展示自身荣耀与光辉的追求。

二、城市的光辉

（一）城市的国际地位

成功申办冬季奥运会的城市会在国际范围内得到更广泛的关注，因为这不仅彰显了该城市的实力与魅力，也直接提升了其在国际社会的地位和影响力。在这样的背景下，开展冬季奥林匹克运动课堂的学校成为这个过程的重要参与者。课堂上，学生有机会通过各种与冬季奥运会相关的活动，了解并感受自己所在城市的光辉，由此大大增强对自己所在城市的荣誉感和归属感。

举办冬季奥运会的城市也是国际交流的焦点。在这种大环境下，学生可以直接地感受到多元文化的交流与碰撞，体验不同国家和地区的风土人情。这不仅可以开阔学生的眼界，提升他们的国际化素质，更可以让他们深入理解和认同自己所在城市的国际地位和影响力。

（二）城市的经济发展

冬奥会的举办，会带动相关产业，如旅游业、餐饮业、住宿业的快速发展，这对城市的经济发展产生积极推动作用。冬奥会既是体育赛事的舞台，也是文化交流的平台，更是经济发展的引擎。随着冬奥会的举办，城市的经济实力将得到全面展示，经济繁荣的氛围也会影响到每一个市民，从而使整个城市充满生机与活力。

对于开设冬季奥林匹克运动课堂的学校来说，可以借助这个机会，让学生了解城市经济发展的全貌,感受城市经济的活力和繁荣。学生可以通过实地考察、案例分析等方式,深入学习城市的经济结构,了解经济发展的过程,从而增强经济意识和创新意识,进而为城市发展贡献自己的力量,为城市的光辉增添更多色彩。

三、培养新一代人才

冬季奥林匹克运动课堂作为一个独特的教育平台,旨在提升学生的身心素质,并向他们传递奥林匹克精神。在课堂中,学生有机会接触多种冰雪运动,如滑雪、滑冰、冰球等。通过体验这些运动,学生可以增强自身体能,锻炼自己的意志,培养坚韧不拔的精神。而这些品质,无论是在日常生活中还是在未来的职业发展中,都具有重要的作用。

在学习运动技能的同时,学生可以通过团队合作、参与竞技比赛,培养自己的团队合作精神、竞争意识、领导力和问题解决能力。例如,当在运动中遇到困难时,学生需要冷静思考,找出解决问题的方法,这既能锻炼他们的心理素质,也能提升他们的问题解决能力。当在团队比赛中需要与队友紧密配合时,这不仅能锻炼他们的团队合作能力,也有利于培养他们的领导力。这些技能和素质,将对学生的学习和生活产生深远影响。

冬季奥林匹克运动课堂是提高学生冰雪运动技能的重要场所。学生可以通过在课堂上的不断训练,发掘自己在冰雪运动方面的潜力,甚至可能成为优秀的运动员。

冬季奥林匹克运动课堂让更多学生有机会接触和了解冰雪运动,提高他们的冰雪运动技能,为我国冰雪运动人才库的补充和扩大提供有力支撑。因此,开设冬季奥林匹克运动课堂,对提升我国在国际体育舞台上的影响力,培养新一代冰雪人才,有着重要的意义。

第三节　抒发国人的勇气、责任、担当

一、勇气

（一）勇于挑战自我

在人生的舞台上，勇于挑战自我和勇于面对困难是每个人必备的素质。而冬季奥林匹克运动课堂提供了这样一个让学生在体验新鲜事物、克服困难的过程中，不断挑战自我、增强信心的实践平台。

在学习滑雪、冰球等全新的运动项目的过程中，学生需要跳出舒适区，接受全新的挑战。应对这些挑战并不容易，每一步都可能遇到困难，甚至最终失败。但是，只有勇敢地面对挑战，才有可能体验到成功的喜悦，真正地实现自我超越。每一次挑战，都是对自我信心的一次提升，是对勇气的一次检验。学生在这个过程中展现出的勇气和自信将成为他们走向社会、应对未来挑战的宝贵财富。

（二）勇于面对困难

冬季奥林匹克运动课堂作为一种特殊的教育模式，为学生呈现了丰富且具有挑战性的情境。一方面，冰雪天气给他们的学习带来一定难度，学生需要适应恶劣的气候条件。另一方面，学生需要理解并掌握复杂的运动技巧，这既是对他们身体协调性和力量控制能力的考验，也是对他们心理耐受力和毅力的挑战。同时，由于体力的消耗和身体的疲劳，学生需要管理和克服身体上的不适，这要求他们具备较强的自我调控能力和承受力。

面对如此多的困难和挑战，学生有时会感到挫败，甚至产生放弃的想法。然而，这正是冬季奥林匹克运动课堂带给学生的最有价值的学习经历。在这个过程中，学生学会了如何在逆境中保持韧性，如何在压力

第二章 从冬季奥林匹克运动课堂角度解读我国的冬奥情怀

和困难面前坚定不移。这种面对困难的勇气和毅力，将成为他们未来生活的重要支撑力量。因为，无论将来面临什么样的挑战，他们都已经具备了勇敢面对和有效应对的能力，无论将来在何种环境中，他们都能展现出强烈的责任感和担当精神。

二、责任

学生在冬季奥林匹克运动课堂上接受的教育，实际上远超体育技能训练。在团队活动中，每个学生都扮演着一个特定的角色，并对自己所扮演的角色负责，这是他们个人责任感的表现。以冰球比赛为例，无论哪一个位置的学生都在比赛中尽职尽责，充分发挥自己的作用。当他们通过努力成功地完成任务，就能更深刻地理解：每个人都需要对自己应完成的工作尽职尽责。这种对责任的理解，在他们的成长过程中起着重要的作用，同时为他们今后的人生道路奠定坚实的基础。

三、担当

在冬季奥林匹克运动课堂中，一些运动项目为团队项目，如冰球和冰壶。这些项目需要学生在赛事中协作，相互扶持，共同面对并克服种种困难，为实现设定的目标而努力。这一过程让学生深刻地理解到：作为团队的一员，需要扮演好自身的角色，肩负起团队的责任。每一次的比赛、每一次的训练，他们都应以无畏的勇气挑战自我，用坚韧的毅力肩负起责任，不断地提升自我、塑造自我。

在冬季奥林匹克运动课堂上，学生所得到的不仅是运动技能，更重要的是在学习过程中培养了社会责任感、勇于承担的精神、面对困难坚持到底的决心。在奥林匹克精神的熏陶下，学生学会了公平竞争、学会了互相尊重、学会了持之以恒。这些精神将引导他们在日常生活中，无论是对个人成长的追求还是对社会的贡献，都有所作为，都能展现出应有的担当。

第三章　冬季奥林匹克运动对我国学校体育的影响

第一节　学校体育应始终坚持享受乐趣的本真

一、提升学生对冬季运动的兴趣

（一）多元化的体育项目增加学习乐趣

体育旨在使人们体验运动的愉悦、感受身心的协调，并在锻炼中享受乐趣。冬季奥林匹克运动以其丰富多样的体育项目和特色鲜明的运动方式，显著提升了学生对冬季运动的兴趣。以往，足球、篮球等是大多数学生体育活动的主要选择。然而，每个孩子都有独特的兴趣和才能，所以提供更丰富的选择显得尤为重要。这就凸显了冬季奥林匹克运动课程的重要性，因为它打破常规，引入了如冰球、短道速滑、单板滑雪等冬季运动项目，使学生有了更广阔的选择空间。

在这些多元化的运动项目中，学生可以找到更适合自己、更能让自己享受到乐趣的运动。例如，对于那些追求刺激、喜欢快速移动的学生，速度滑冰的刺激正是他们所需要的；对于那些热爱艺术、喜欢优美动作的学生，花样滑冰的优雅则更可能打动他们。因此，冬季奥林匹克运动可以让学生在更广阔的领域中找到自己的热爱所在,从而产生持久的兴趣。换句话说,当学生在尝试和练习这些运动项目的过程中,找到了自己真正热爱的项目,那么他们在体育课上的体验就会变得更加有趣和愉快。由此,体育不再只是一项必须完成的任务,而变成一种令人期待的乐趣。学生可以在享受冬季奥林匹克运动带来乐趣的同时,提升自己的运动技能,增强体质,养成良好的运动习惯。更重要的是,学生可以在这一过程中体验成功的喜悦,培养面对挑战的勇气。这是学校体育应始终坚持的本真——使学生享受运动的乐趣,激发他们对体育的热爱,帮助他们在体育活动中找到自我、提升自我,从而促进他们的全面发展。

(二)媒体的影响力

体育的乐趣并非限于现场体验,很多时候,媒体的影响力在激发学生对体育的兴趣上起到了不可忽视的作用。这一点在冬季奥林匹克运动的推广上尤为明显。冬季奥运会是全球关注的大型体育盛事,电视和网络直播让冬季运动项目进入千家万户,学生得以在屏幕前欣赏到世界顶尖运动员的精彩表演。优雅的花样滑冰、惊险刺激的自由式滑雪、激情的速度滑冰,每一项比赛都充满了激情和魅力。在观看比赛的过程中,学生被运动员的高超技巧和拼搏精神所吸引,对冰雪运动的兴趣也随之增强。

媒体的影响力表现在两方面。一方面,媒体可以直观地向学生展示各种冬季奥林匹克运动的运动方式和规则,增加学生对这些运动项目的了解和认识。另一方面,媒体通过直播冬季奥运会的比赛,可以让学生欣赏运动员在冰雪中自由翱翔,完成一个又一个精彩的动作,体验比赛中的紧张刺激感,从而激发学生对这类运动的积极参与欲望。他们也想尝试在冰上滑行,体验在雪地里滑翔的刺激,甚至渴望能够像奥运会运动员一样完成精彩绝伦的动作。在这种情况下,学校体育的任务就不仅仅是教授技能,更需要培养学生对冬季奥林匹克运动的热爱和兴趣,让他们在参与这些运动项目的过程中找到乐趣,进而真正体验到运动的快乐。

(三)学习新技能的快乐

身处学习阶段的孩子,总是对新事物充满了好奇和热情。在探索世界的过程中,他们愿意尝试各种不同的活动,并从中获取快乐。学习新技能,无疑是他们成长中一个重要的乐趣源泉。

在冬季奥林匹克运动课堂中,一些学生首次接触冰雪运动。对他们来说,这些运动不仅具有独特的魅力,更为他们提供了学习新技能的机会。在学习的过程中,他们有机会挑战自我,掌握全新的运动技巧。当能在冰面上稳稳地滑行,或在雪地里自如地滑翔时,他们所体验到的不仅是身体的享受,更是精神层面的满足。这份满足是对自我能力的认同、对掌握新技能的自豪,来源于学习过程中对苦难的克服,以及未知与新知的碰撞。学校体育的本质,是让学生在运动中寻找快乐,享受成长。在冬季奥林匹克运动课堂中,学习新技能的快乐无疑是学生成长的重要推动力。这不仅可以帮助他们增强体质,更可以让他们从中享受到运动的乐趣。

(四)开阔视野,全面发展

一些学生在刚开始学习冬季运动项目时,可能并没有深入了解过这个领域。然而,随着接触的增多,一些新的、以前未曾尝试过的项目逐渐进入他们的视野,这无疑会激发他们对冬季运动的更大兴趣。

冬季奥林匹克运动课堂开阔了学生视野,为他们了解和学习更多的体育运动项目提供了平台。诸如雪橇、短道速滑、冰球、冰壶等,这些可能是学生之前从未听说过,也从未想过自己会参与的运动项目。在接触了这些运动项目后,学生对体育的理解不再仅仅停留在篮球、足球等传统的球类运动上,他们会发现,体育的世界远比他们想象的更加丰富多彩。在学习冬季运动的过程中，每个学生都有可能发现自己的潜力，找到自己的兴趣所在，从而享受学习新知识、新技能的乐趣。例如，对于喜欢速度感的学生，他们可能会被短道速滑吸引；对于喜欢团队合作的学生，他们可能会爱上冰球。每一项冬季运动都有其独特的魅力，只要学生肯去尝试，总能找到属于自己的那份乐趣。

除此之外，冬季运动也有助于促进学生的全面发展。冬季运动不仅可以提升学生的身体素质，还可以锻炼学生的意志力、团队协作能力等。这些在运动中获得的素质和技能，无论是对学生的学习，还是对他们未来的生活，都是极为宝贵的财富。但只有学生真正热爱运动时，才能在其中得到成长。在这个过程中，提升学生对冬季运动的兴趣，就显得尤为重要。因为兴趣是学生了解和尝试冬季运动的内部动力，是感受冬季运动魅力、享受冬季运动带来的乐趣的关键。

二、推动学校体育多样化

（一）更丰富的体育项目选择

随着冬季奥运会的举办，许多冰雪运动项目进入学校体育领域，为学生带来了新的选择和机会。这些新颖且吸引人的项目，如滑雪、滑冰等，为学生提供了更丰富的体育活动选择。在学校的体育课上，学生可以接触并学习这些项目，体验它们带来的乐趣。相比以往的体育项目，冰雪运动项目的引入使得学生可以尝试不同的运动形式，从而满足他们不同的运动需求和兴趣。

冰雪运动项目独有的刺激性和挑战性，不仅能够激发学生的竞争意识，还能锻炼他们的身体素质和心理素质。学生在尝试新的体育项目时，会面临着新的挑战和困难，通过努力克服这些困难，可以增强他们的自信心和毅力，培养他们积极向上的精神品质。而且，冬季奥运会推广的冰雪运动项目具有一定的专业性。学生在学习这些项目时，需要通过系统的训练和指导掌握相关的技术和技巧。这种专业性的学习使得学生能够更深入地理解体育运动的规则和原理，提高他们的运动技能和战术意识。同时，学生也能在专业教练的指导下进行训练，从中学习到科学的训练方法和健康的生活态度。

（二）提高学生的体育参与度

当学校体育课中的运动项目更加多元和有趣时，学生的体育参与度自然会提高，他们会更加愿意参与各种体育活动，从而体验到更多的运动乐趣。学校通过引入冬季奥运会的冰雪运动项目，为学生提供了更多元化的体育选择。这些新颖且吸引人的项目，不仅可以满足学生的好奇心和兴趣，还使得体育课更加多样化和富有挑战性。相比传统的足球、篮球等运动项目，冰雪运动项目的引入为学生提供了感受冰雪世界的美妙的机会，使学生体验到与众不同的运动乐趣。

学校可以通过组织冰雪运动的比赛、表演和体验活动等，鼓励学生参与其中，感受运动的魅力和乐趣。这种参与式的学习方式，可以激发学生的主动性和积极性，培养他们对体育运动的热爱。同时，学校可以通过鼓励学生参与各种体育活动，帮助学生树立积极、健康的体育理念。例如，学校可以组织冰雪运动俱乐部、健康运动日等活动，让学生在轻松愉快的氛围中体验体育的乐趣；还可以邀请冬季奥运会的优秀运动员来校举办讲座，激发学生的学习兴趣和动力，让他们感受冬季奥运会带来的正能量。

（三）引导学生发现自己的运动潜能

就以往学校体育各项工作开展的实际情况而言，有些学生对传统的体育项目并不擅长或者兴趣不大，而冰雪运动项目为学生提供了体验新的体育项目的机会。这样，那些在传统项目中感到受挫的学生，有机会发现自己在冰雪运动中的潜能和天赋。

发现自己的运动潜能是一个充满挑战的过程。参与冰雪运动项目，学生可能会面临新的挑战和困难，因此需要学习新的技巧和知识，克服身体上的困难和心理上的压力。在这个过程中，学生可能会逐渐发现自己在某些项目上的潜能。这种发现和挖掘自我潜能的过程本身就是一种极大的乐趣，能够让学生对体育运动产生更深的热爱。由此，学校应该鼓励学生参与多样化的体育活动，体验不同项目带来的乐趣。

（四）开展个性化体育

学校体育应该以学生的兴趣和需求为出发点，为学生提供丰富多样的体育项目选择，如引入冰雪运动项目，从而为学生找到适合自己的运动项目提供更多可能。例如，有些学生更擅长足球、篮球等传统体育项目，而有些学生对滑雪、滑冰等项目具有浓厚的兴趣。这为开展个性化体育奠定了基础。

个性化体育追求的是让每个学生都找到自己的特长。学校可以通过开设不同水平和特色的体育课程，满足学生的不同需求。这样，学生可以选择参与自己感兴趣的项目，并在专业教练的指导下进行训练。通过个性化体育，学生能够更好地挖掘和发挥自己的体育潜能，实现个人价值的最大化。

需要注意的是，在开展个性化体育的过程中，鼓励学生发展全面的运动技能也是很重要的。尽管每个学生都有自己擅长的项目，但学校应该通过多样化的项目培养学生的综合能力。学生可以尝试不同的项目，通过多样化的体育锻炼，提升自己的身体素质、协调性和反应能力。这种全面的运动技能培养能够增强学生的体质，同时为他们未来选择更广泛的体育运动奠定基础。

三、提供更多的体育资源

（一）丰富实践场所

冬奥会的举办不仅需要建设比赛场馆和训练场所，还需要建设供广大群众使用的冰场、滑雪场、滑冰道等设施，且这些设施可以在冬奥会结束后继续为学校提供服务。学校可以利用这些设施进行体育课程的教学和学生的体育活动，这样学生就有机会亲自体验冰雪运动，感受冰雪世界的美妙。这种亲身参与的体验可以让学生更加享受冰雪运动带来的乐趣，激发他们对冰雪运动的兴趣和热爱。学校还可以与其他学校开展冰雪运动交流和比赛。这样学生有机会与其他学校的学生交流经验和技巧，共同提高运动水平。这样的交流和比赛活动不仅能够培养学生的竞技精神，还能够增强他们的社交能力和团队合作意识。

这些丰富的实践场所显然为学校体育带来了更多的教学资源，学校可以邀请专业的冰雪运动教练来校开展讲座，让学生从专业角度了解冰雪运动的技术要领和训练方法。这样不仅可以提高学生的技术水平，还可以加深他们对体育运动的理解。学校还可以组织学生参观冬奥会的比赛和训练场馆，让他们近距离感受专业赛场的魅力。这样的参观活动不仅能够激发学生对冰雪运动项目的兴趣，还能够启发他们追求卓越的精神和目标。

（二）提高体育教学质量

冰雪设施丰富了学校体育教学资源。教师可以将冰雪设施作为教学场所，为学生提供直接参与冰雪运动的机会。通过实际操作和体验，学生可以更加直观地理解冰雪运动的规则和技巧。例如，在冰场上，学生可以在教师的引导下学习滑冰的姿势和动作要领，亲身体验在冰上滑行的乐趣。这样的实践教学能够增强学生的学习效果，让他们更加深入地掌握冰雪运动的技能和知识。为进一步提升学生的专业性，学校可以邀请专业的冰雪运动教练或冬奥会选手来校进行示范和讲解，为学生提供近距离观摩和学习的机会。通过观摩和学习，学生能够更好地提升自己的运动水平，更好地领悟运动的本质和乐趣。

更重要的是，教师在教学中可以利用冰雪设施进行个别指导。每个学生都有自己的学习特点，教师可以根据学生的实际情况进行个别指导，通过与学生的一对一互动，更准确地了解学生的学习需求和问题，帮助他们解决困难，提高技能水平。这种个别指导不仅可以提高学生的学习效果，还能够增强他们的自信心，促使他们更积极地参与体育运动。

（三）开阔学生的视野

冬季奥林匹克运动对我国学校体育的影响之一是提供了更多的体育资源，冬奥会设施就是其中一种。通过参观这些设施，学生能够更近距离地感受冰雪运动的魅力，增强对运动的热爱，而这种热爱是享受体育带来乐趣的重要来源。

参观冬奥会设施和冰雪活动能够给学生带来独特的学习体验。他们有机会亲眼见证冰场上运动员飞奔、滑行的场景，感受冰雪上的速度与激情。这种亲身感受不仅能够开阔学生的视野，还能够激发他们对冬季运动的兴趣和热爱。通过了解和学习冬季运动，学生能够了解到不同国家和地区的冰雪运动传统和特色，体验不同文化背景下的运动风采。这种文化交流和学习能够培养学生的国际视野和跨文化理解能力，增强他们的全球意识。更重要的是，参观冬奥会设施和冰雪活动还能够激发学生的创新精神和探索欲望。例如，学生可以通过观察和研究冰雪设施的构造和运作原理，探索其中的科学和工程知识，从而提升自己的科学素养和创造力，在体育运动中寻找到更多的乐趣和发展机会。

(四)促进体育活动的多样性

为举办冬奥会建设的体育设施为学校提供了更多选择，学校可以根据学生的兴趣和特长，开展各种不同的体育活动。例如，学校可以组织滑雪比赛，吸引喜欢冒险和挑战的学生参与。滑雪比赛可以让学生感受到速度与激情，挑战自己的极限。学校还可以开展花样滑冰活动，为喜欢表演和艺术的学生提供展示自己才华的舞台。这种多样性的体育活动不仅能满足不同学生的兴趣，还能让他们在不同的运动中挖掘自己的潜能。

多样性的体育活动为学生提供了更多选择的机会。学生可以通过参与丰富多样的体育活动，选择自己最喜欢的运动。这样，学生能够更加积极地投入体育活动，体验运动的乐趣。以此为基础，体育活动能促进学生的全面发展。因为不同的体育项目有不同的技能要求，学生可以通过参与不同的体育活动，全面发展自己的体育技能，增强体质，培养良好的运动习惯。这种全面发展有助于学生建立自信，深化自我认知和增强社交能力，为他们的未来发展奠定坚实的基础。

四、提升学生的体育素养

(一)提高运动技能

冬季奥林匹克运动对我国学校体育的影响之一是提升学生的体育素养，其中包括提高运动技能。每一项冬季奥林匹克运动都需要参与者掌握精湛的技能。学生可以通过学习和参与这些运动，提高自己的运动技能，并在技能提升中获得乐趣。

通过参与冬季奥林匹克运动的学习和训练，学生能够提高自己的运动技能。例如，他们可以学习滑雪的平衡和控制技巧，学习滑冰的姿势和动作要领，学习冰球的传球和射门技巧。这些技能的学习需要不断的练习，但当学生能够自如地在冰雪上展现自己的能力时，他们会感受到运动带来的乐趣和成就感。而且，学生运动技能的提高，可以增强自己的身体机能和协调能力。这不仅对他们在运动中的表现有帮助，也对他们的日常生活和健康状况有积极影响。通过提高运动技能，学生能够更好地应对各种运动挑战，享受体育活动带来的乐趣。冬季奥林匹克运动对技能的要求往往较高，需要学生付出更多的努力进行学习和训练。而这种努力，能够促进学生不断突破自己的极限，提升自己的技能水平。在这个过程中，学生会体验到挑战与成长的乐趣，懂得只有通过努力付出才能取得更大的进步的道理。这对学生的学习和生活都具有积极的影响。

（二）培养团队精神

提升学生的体育素养也包括培养团队精神。团体项目，如冰球、冰壶等，需要团队的密切协作。因此，参与这些运动可以增强学生的团队合作能力，培养他们的团队精神。

参与冬季奥林匹克运动的学生需要与队友密切合作，共同追求团队的胜利。例如，在冰球比赛中，队员之间需要相互配合，快速传球和精准射门，实现进球的目标。在冰壶比赛中，队员也需要通过默契配合，控制冰壶的速度和方向，争取将自己的壶运行在最佳位置。参与这些运动项目，可以让学生深刻体验到团队合作的重要性和乐趣。在参与冬季奥林匹克运动的过程中，学生需要相互信任、相互配合，共同克服困难和挑战，还需要学会倾听和尊重队友的意见，理解彼此的角色和责任，共同制定战略和计划。这样的团队合作不仅能够提高运动表现，还能够培养学生的沟通能力、领导力和集体荣誉感。学生在此过程中也能体验到团队合作带来的凝聚力和成就感，懂得团队中的每个成员都是不可或缺的一部分，每个人的贡献都是团队成功的重要因素。这样的体验不仅能让学生享受到体育运动带来的乐趣，更能为他们未来的学习和生活打下坚实的基础。

（三）理解并遵守比赛规则

理解并遵守比赛规则，是提升学生体育素养的重要一环。比赛规则在冬季奥林匹克运动中起着至关重要的作用。因为比赛规则既能确保比赛的公正性和公平性，又能保障参与者的安全。理解并遵守比赛规则，学生能够更好地参与比赛，发挥出自己的实力，同时能够培养出公平竞争的意识和行为准则，理解到成功并不仅仅是取得比赛胜利，更是在公正的竞争环境中充分展示自己的能力。这种意识和行为准则将伴随学生一生，不仅有助于他们在体育竞技中更好地发展，还对他们生活的其他方面具有重要作用。

遵守比赛规则也有助于学生更好地享受比赛带来的乐趣。比赛规则的存在能够保证比赛的有序性和规范性，为学生提供一个公正、透明的竞技平台。当学生全情投入比赛中时，他们可以更加专注于发挥自己的实力，享受比赛带来的紧张刺激和成就感。此时，乐趣不仅来自胜利，更来自比赛本身的过程和体验。还有一点需要高度重视，即遵守比赛规则还培养了学生的自我管理能力。比赛规则要求学生在比赛中遵循既定的规范，尤其时间、纪律和道德等方面的要求。遵守这些规范和要求，有利于学生学会自我约束，养成良好的行为习惯。这种自我管理能力将对学生的学习、生活和职业发展产生积极影响。

（四）体验和传承奥林匹克精神

提升学生的体育素养还包括体验和传承奥林匹克精神。奥林匹克精神以"相互理解、友谊、团结、公平竞争"为核心，同时强调"参与重于竞争"。学生可以通过参与冬季奥林匹克运动，学习和贯彻这些精神，从而提升他们的整体素养。

在参与冬季奥林匹克运动的过程中，学生将亲身感受到"更快、更高、更强"的奥林匹克格言的深层内涵，并激励自己不断挑战自我，超越自我。无论是在滑雪场上冲刺速度，还是在冰壶赛场上追求精准度，抑或是在冰场上展现优雅的动作，学生都将体验到超越自我的成就感。这种体验能够激发学生的斗志和勇气，培养他们追求卓越的精神，增强他们不断挑战自我、突破极限的意愿。冬季奥林匹克运动鼓励参与者尊重对手、尊重规则、注重团队合作和公平竞争。学生通过参与这些运动，能够学会尊重他人、体谅他人的努力和付出，懂得团队合作和共同进步的重要性。这种价值观的培养将深深影响学生的行为和与人相处的方式，培养他们高尚的道德品质。更重要的是，奥林匹克精神不仅对学生在运动领域的表现有积极影响，而且将融入学生的生活，帮助学生树立积极向上的态度。由此，无论是面对学业的挑战、人际关系的处理还是未来职业的选择，学生都能更好地应对，并坚持追求卓越、追求公正、追求合作。

第二节　学校体育应始终将增强学生体质作为基本任务

一、引导全面的身体锻炼

（一）全方位的体能训练

学校体育应始终将增强学生体质作为基本任务，而冬季奥林匹克运动对我国学校体育的影响之一是引导全面的身体锻炼。其中，全方位的体能训练起着重要作用。冬季奥林匹克运动涵盖众多项目，每个项目有不同的体能素质要求。例如，滑雪需要力量和耐力，花样滑冰需要灵活性和协调性。学生通过参与这些运动，能够得到全方位的体能训练。

具体而言，冬季奥林匹克运动的多样性为学生提供了广泛的选择，让他们可以根据自己的兴趣和特长参与不同的项目。无论是在滑雪、冰壶还是雪车等项目中，学生都能够得到不同能力的锻炼。例如，在滑雪运动中，通过迅速下坡、扭动身体等动作，学生可以锻炼肌肉力量和心肺耐力。在花样滑冰中，通过优美的动作和舞步，学生能够培养出良好的灵活性和协调能力。这样全方位的体能训练不仅可以增强学生的体质，还能够提高他们在不同体育项目中的表现和竞技能力。而且，通过参与冬季奥林匹克运动，学生能够培养出坚忍的意志。冬季奥林匹克运动往往需要持续的训练和长期的努力。学生在面对困难和挑战时，需要坚持不懈地进行训练，不断提升自己的身体素质和技能。这种坚忍的意志不仅在体育运动中有重要作用，也在学习和生活中发挥积极的影响。学生通过参与冬季奥林匹克运动，将体会到付出努力带来的收获和乐趣，同时培养出不畏困难、坚持不懈的品质。

除了全方位的体能训练，冬季奥林匹克运动还能够为学生提供亲近自然的机会。在冰雪世界中，学生能够感受到大自然的魅力和力量。他们可以在广袤的雪原上畅快滑行，体验与自然融为一体的快乐和自由。这种与自然亲近的体验有助于增强学生对自然的敬畏之心，增强他们的环保意识和责任感。不仅如此，学生在自然中还能感受到身心的愉悦，从而促进身体素质的提升和全面发展。

（二）培养长期运动的习惯

通过参与冬季奥林匹克运动，学生可以形成长期运动的习惯。这样的习惯可以帮助学生在未来的生活中保持健康的体质，这也是学校体育的基本任务之一。形成长期运动习惯的好处表现在以下几方面：

一是对学生的身体健康至关重要。参与冬季奥林匹克运动，可以增强学生的心肺功能、肌肉力量和耐力水平，使学生的身体逐渐适应运动负荷，从而提高体能水平，降低患病风险。同时，持久的运动习惯有助于调节学生的体重，增强骨骼密度，促进身体的均衡发展。这种持久的运动习惯不仅对学生当前的身体健康有益，也为他们未来的健康打下了坚实的基础。二是可以培养学生的自律能力。为了持久参与冬季奥林匹克运动的训练和比赛，学生需要学会自我约束和自我管理，制订合理的训练计划，合理安排时间。通过这样的自我管理，学生能够养成良好的生活习惯，有效地安排自己的时间和精力。这样学生不仅能在运动方面取得进步，还能在学业和其他方面有更好的表现。三是对学生的全面发展有着重要意义。冬季奥林匹克运动提供了广泛的运动选择和丰富的运动体验，激发了学生对体育运动的兴趣和热情，促使他们形成长期运动的习惯。这种习惯不仅能够帮助学生保持良好的健康状态，还能够促进他们的全面发展，为他们未来的生活奠定坚实的基础。

（三）增强抵抗力

冬季运动在寒冷的环境中进行，可以增强学生的抗寒能力和免疫力。

具体而言，在参与冬季奥林匹克运动的过程中，学生需要面对寒冷的气温、强风等挑战，这些环境刺激可以激发他们的体内调节机制，提高身体对寒冷的适应能力。随着适应能力的不断加强，学生的身体会逐渐形成一种抵抗寒冷的状态，从而增强整体的抵抗力。抵抗力的增强又会带动免疫力的提升。在寒冷的环境中进行运动会刺激学生的血液循环和新陈代谢，增强身体的免疫功能。科学研究表明，适度的寒冷刺激可以提高人体的免疫细胞活性和抗病毒能力，从而减少患病的风险。通过参与冬季奥林匹克运动，学生的身体将得到全面的锻炼，免疫系统的功能也会得到提升，使他们能够更好地抵御疾病的侵袭。另外，参与冬季奥林匹克运动还能够增强学生的心血管健康。在参与冬季奥林匹克运动的过程中，学生的心血管系统需要更多地供应氧气和营养物质，以满足运动的需求。长期坚持冬季运动可以促进心血管系统的适应性改变，增强心脏和血管的功能，降低患心血管疾病的风险。

（四）增强心肺功能

冬季奥林匹克运动，可以有效地锻炼学生的心肺功能，增强他们的体质。因为在滑雪、速滑等运动项目中，学生需要进行大量的有氧运动，如长时间的滑行、高强度的冲刺等。这些运动能够有效地增强心肺系统的耐力和适应能力。随着运动的进行，学生的心肺功能将逐渐得到增强，心脏能够更有效地泵血，肺部能够更充分地吸入氧气，从而提高身体对氧气的利用效率。

增强心肺功能对学生的身体健康和运动能力具有重要意义。良好的心肺功能能够给肌肉和组织提供足够的氧气和营养物质，减少乳酸堆积，延缓疲劳的发生。这不仅有助于学生在运动中表现出更好的状态，也有助于他们在日常生活中保持活力和应对各种身体挑战。更重要的是，增强心肺功能还能够降低患心血管疾病的风险，减少胆固醇和血压的异常，从而促进学生的长期健康和全面发展。

二、增强冬季进行体育锻炼的意识

（一）打破学生的季节性运动习惯

学校体育应始终将增强学生体质作为基本任务，而冬季奥林匹克运动对我国学校体育的影响之一是增强冬季进行体育锻炼的意识。其中，打破学生的季节性运动习惯，让他们在冬天也能够得到高质量的体育锻炼，可以确保他们保持良好的运动习惯，有效增强体质。

以往，一些学生会在冬季减少体育锻炼的频率和强度，因为他们认为寒冷的季节不适合运动。然而，冬季奥林匹克运动的推广和普及改变了这种观念，让学生意识到冬天也是进行高质量体育锻炼的季节。冰雪运动项目，不仅需要在冬天进行，而且只有在寒冷的环境中进行才能得到最佳体验。还有一点值得高度肯定，就是冬季进行体育锻炼意识的增强对学生的身体健康至关重要。通过在寒冷的环境中进行高质量的体育锻炼，学生可以锻炼心肺功能、增强肌肉力量、提高灵活性和协调性。同时，冬季进行体育锻炼还可以增强学生的免疫力，预防常见的冬季疾病。这都有助于学生在冬季保持健康的体质状态。

（二）充分利用冬季环境

冬季奥林匹克运动充分利用了冬季寒冷的环境特点和条件。例如，滑雪、雪地滑板等项目需要在雪地上进行，而这就需要较低的气温和适宜的天气条件。通过参与冬季奥林匹克运动，学生能够充分利用冬季的冰雪自然资源，进行全面的体质锻炼。在这个过程中，学生需要适应寒冷的气温和冰雪的特殊环境，这对他们身体的适应性和耐力提出了更高的要求。通过应对这些挑战，学生能够增强意志力，培养勇于面对困难和挑战的品质。

另外，冬季奥林匹克运动项目的开展能够促进学生对自然环境的认识和尊重。在冰雪世界中进行体育锻炼，学生更能够感受到大自然的神奇和冰雪的美丽和变幻，认识到自然资源的珍贵和可持续利用的重要性。这种对自然环境的认识和尊重有助于培养学生的环境意识和可持续发展观念，从而促进他们在日常生活中更加注重环境保护。

（三）增强防寒保健意识

冬季奥林匹克运动项目通常在寒冷的气候条件下进行，这要求学生在低温环境中保持良好的身体状态。这就促使学生更加关注自身的防寒保健，学习如何选择合适的运动服装，包括保暖衣物、防风外套和抗寒手套等，以确保在运动过程中有效保持正常体温。这个学习的过程会让学生亲身体验到寒冷环境对身体的影响，从而增强他们对健康的重视和防寒保健意识。防寒保健意识的增强对学生的日常保健也起到积极的促进作用。

增强防寒保健意识还有助于学生提升适应环境变化的能力。在参与冬季奥林匹克运动的过程中，学生需要学会如何应对不同的天气条件和温度变化，从而更好地适应自然环境的变化。这种适应能力对学生的身体健康和全面发展非常重要，同时为他们未来应对各种环境挑战打下了基础。

（四）鼓励坚持运动

冬季奥林匹克运动的魅力在于能够激发学生的热情，让他们在寒冷的冬季坚持进行体育活动。通过参与冬季奥林匹克运动，学生能够体验到在寒冷环境中锻炼的乐趣，从而体会到冬季锻炼的重要性，进而养成坚持运动的习惯。

在引导学生参与冬季奥林匹克运动的过程中，鼓励学生坚持运动不仅仅是为了增强他们的体质，更是为了培养他们的自律能力和毅力。冬季奥林匹克运动需要学生应对低温环境的挑战，需要他们付出更多的努力，并长久地坚持下去。这种坚持不懈的锻炼有利于增强学生体质，为他们的学习和生活积累"本钱"。通过鼓励学生坚持运动，还可以培养学生的自律能力和毅力。当学生能够克服寒冷、强风等环境依旧坚持运动时，学生就拥有了强大的自律能力和坚强的毅力。这不仅有利于他们在体育领域取得优秀成绩，还对他们克服学习和生活中的困难具有积极的意义，更重要的是，有利于他们树立积极的生活态度和价值观。这种积极的生活态度和价值观将激发他们对健康生活的追求，从而在日常生活中保持体育锻炼的习惯。

三、培养良好的运动习惯

（一）定期锻炼

学校体育应始终将增强学生体质作为基本任务，其中培养良好的运动习惯是非常重要的，而定期锻炼是培养良好运动习惯的重要部分。学校可以通过每周设置一次滑雪或雪地滑板训练活动，帮助学生逐渐养成定期锻炼的习惯。

一方面，定期锻炼对学生保持身体健康和增强体质至关重要。通过每周一次的冬季奥林匹克运动训练，学生可以不断提升自己的体能水平，增强耐力，提高灵活性和协调性。这能够使学生更加健康，更有活力。另一方面，定期锻炼有助于培养学生坚持不懈的精神。冬季奥林匹克运动需要学生付出较大的努力，面对困难和挑战不能轻易放弃。通过定期锻炼，学生能够逐渐适应寒冷的环境和锻炼的节奏，从而有利于他们更长久地坚持下去，这将对他们的未来发展产生积极影响。

（二）合理的运动量

在冬季奥林匹克运动训练中，教练会根据学生的年龄、身体状况和能力制订合适的训练计划，以确保学生能够在适度的运动量下进行训练。因为保持合理的运动量对学生的身体健康至关重要。合理的运动量能够提高心肺功能，增强肌肉力量和促进骨骼健康，提高身体的灵活性和协调性，从而确保学生保持良好的身体状态，减少运动伤害的风险，进而增强自身体质。

还有一点值得肯定，合理的运动量有助于培养学生的自我调节能力。学生在训练过程中需要根据自身的身体状况进行调整，避免过度运动或运动不足的情况。通过自我调节，学生能够更好地适应不同的运动环境和训练要求，保持身心平衡。

（三）全面的运动技能

冬季奥林匹克运动项目众多，如滑雪、冰壶、冰球等。学生通过参与这些项目，可以全面地发展运动技能。例如，滑雪需要良好的平衡和协调能力，冰壶需要精准的控制和战略意识，冰球需要团队合作和快速反应能力。通过参与这些项目，学生不仅能够锻炼身体，还能够掌握协调、灵活、平衡等各项运动技能。这样的全面培养能够使学生具备更强的身体适应能力和抗压能力，从而促进身心健康发展。

（四）运动与休息并重

在冬季奥林匹克运动的训练中，教练和指导员会强调运动与休息的平衡，旨在使学生明白只有合理地休息，才能更好地进行身体锻炼，保持良好的健康状态。合理的休息可以缓解肌肉疲劳，恢复体力和精神状态，避免过度训练带来的身体损伤。只有身体得到充分休息，才能更好地满足体育锻炼的需求。

不可否认，运动与休息并重的理念对学生养成良好的运动习惯至关重要。当学生意识到在进行身体锻炼后，需要适当休息时，他们会根据自身情况和训练需求，合理安排运动和休息的时间，确保身体得到充分的调整和恢复。这样的习惯将伴随他们一生，使他们持续地享受运动的乐趣，保持健康的体魄。不仅如此，充足的休息还可以提高身体的适应能力和运动表现。当学生在训练中充分理解并践行运动与休息并重的理念时，他们能够更好地掌握训练的节奏和强度，避免过度训练和疲劳，从而取得更好的训练效果。

四、传播正确的运动理念

（一）全面性

全面性是正确的运动理念的一个重要方面。体育运动不仅关乎强大的力量，还涉及身体素质的全面提升。

冬季奥林匹克运动项目繁多，这些项目对学生的力量、耐力、技巧、速度、协调性等方面的要求都很高。通过参与这些运动项目，学生能够深切感受到只有全面发展各项素质，才能更好地适应不同的运动环境和需求。例如，滑雪项目需要力量和耐力，学生需要不断锻炼肌肉力量和提高耐力水平；冰球项目注重技巧和团队合作，学生需要不断提升技术水平和增强团队意识；雪车项目强调速度和协调性，学生需要掌握高速运动的技巧和良好的身体协调能力。通过多样化运动项目的训练，学生能够感受到体质增强是一个综合性的过程，需要全面发展各项身体素质。全面性的运动理念也会对学生体育素养的形成产生积极影响，促使学生在未来的生活中更广泛地参与体育活动，享受多样化运动带来的乐趣，同时保持健康的体魄。

（二）科学性

在冬季奥林匹克运动中，训练计划和指导是非常重要的。学生会学习到运动前热身的重要性。热身活动可以起到预热身体、增加关节灵活性、提高心率和促进血液循环的作用，从而减少运动损伤的风险。此外，学生还会了解到运动后进行适当拉伸活动的好处，如帮助肌肉恢复和防止肌肉酸痛。这些科学的运动准备和恢复措施将帮助学生更好地保护身体，减少运动伤害。

通过了解科学性的运动理念，学生将明白增强体质并不是单纯地进行大量运动，而是需要综合考虑训练和休息的关系，既不能盲目追求极限运动或超负荷训练，也不能三天打鱼两天晒网，重要的是形成健康的运动习惯和科学的生活方式。

（三）持久性

冬季奥林匹克运动大多对耐力有较高的要求，学生需要经历长时间的训练和持续的努力，才能够在这些运动项目中取得进步。这种持续的训练和努力是持久性运动理念的直接表现，而持久性的运动理念将促使学生不断地进行体育锻炼。

持久性的运动理念还能够培养学生顽强的毅力。在长期的训练过程中，学生会面对各种困难和挑战，需要不断去克服和应对。在克服困难和应对挑战的过程中，学生会逐渐培养出顽强的毅力。这将对学生取得优异的体育成绩产生积极作用，并为学生克服学习和生活中的困难给予强大的力量。

（四）安全性

冬季奥林匹克运动，如滑雪、冰球等都需要佩戴防护装备。在增强体质的过程中，安全始终是最重要的。

学校可以借助冬季奥林匹克运动，教导学生安全参与体育活动的重要性。例如，在滑雪项目中，学生需要佩戴防护装备，以保护头部和关节；在冰球等团体运动中，学生需要遵守比赛规则和安全指导，以确保比赛过程中不发生意外伤害。

安全意识是培养学生正确运动理念的基础，因为只有在安全的环境中运动，才能更好地享受运动，减少受伤的风险。通过教师的指导和自学，学生将学会正确使用运动装备，了解运动项目的安全要求，学习急救知识和自我保护技巧，以避免在运动过程中受到伤害。并且，对安全的重视和强调也将培养学生的责任心和团队精神。在冬季奥林匹克运动中，每个参与者都有责任确保自己和他人的安全。因此，学生应明确认识到团队运动中个人责任和团队合作的重要性，学会关心他人、互相帮助和相互配合，共同维护运动的安全环境。这种责任感和团队精神将在学校体育和日常生活中发挥积极的作用。

五、改善运动环境

（一）设施改善

为举办冬奥会，我国投资建设了大量的冰雪运动设施，如滑雪场、溜冰场、冰球馆等。这些设施不仅可以服务于奥运会，更可以在赛后被学校用于体育教学和训练。这将直接改善学校的体育条件，为学生接触和参与冰雪运动提供更多机会。

这些设施为学生提供了丰富多样的运动选择。学生不仅可以选择足球、篮球等传统体育项目，还可以选择滑雪、冰球等冰雪运动项目。

设施的改善不仅可以激发学生对体育的热爱和积极参与体育活动的意愿，还可以推动学校体育的发展。学校可以充分利用这些设施，组织更多的冰雪运动比赛，鼓励学生参与，增强学生体质。

（二）运动安全

改善运动环境不仅包括设施的完善，还包括运动安全。特别是在冰雪运动中，安全是至关重要的，因此，冰雪运动设施通常配备了更完备的安全设施和救护措施，以确保学生能够安全地享受冰雪运动。

具体而言，学校冰雪运动设施的安全性得到了极大提升。例如，滑雪场和冰球场配备了专业的护栏和安全网，以及防护垫、护具等装备，为学生提供了全面的保护。而且，救护方面也得到了加强。学校配备了专业的救护人员和急救设备，这些救护人员均经过专业培训，能够快速响应并提供必要的急救措施，确保学生在发生意外时得到及时的帮助和救治。与此同时，学校会开展冰雪运动安全教育。在参与冰雪运动之前，学生会接受相关安全知识的培训，了解运动的注意事项、安全规范和紧急情况下的自救方法。通过这种安全教育，学生能够增强自我保护意识，提高应对突发情况的能力，降低运动中发生意外的风险。

（三）促进学生平衡发展

改善运动环境对学校体育的影响还体现在促进学生平衡发展上。冰雪运动设施的完善，使得学生可以尝试不同的运动项目，拥有全新的体验和挑战，锻炼不同的肌肉群和身体部位。例如，滑雪可以锻炼平衡力和协调性，冰球可以锻炼反应能力。参与不同的项目有助于学生全面提升身体素质，促进身体各方面平衡发展。

第三节 学校体育应始终将锤炼学生意志作为重要目标

一、增强勇气和信心

（一）克服困难的勇气

冬季奥林匹克运动在寒冷的环境下进行，这对很多人来说，本身就是一项挑战。在学习和参与这些运动的过程中，学生需要学会如何面对并克服寒冷、疲劳等身体上的不适和困难，这有助于锤炼他们的意志力。

除了克服身体上的困难，冬季奥林匹克运动项目的技术要求和竞争压力也给学生带来了挑战。学生需要通过不断训练，努力提升自己的技能水平，并在比赛中有出色的表现。在这个过程中，学生需要面对各种困难和挫折，如技术上的难题、比赛中的竞争压力等。此时，增强勇气、培养坚韧不拔的意志，对学生克服困难、实现个人突破和进步具有重要作用。

（二）掌握专项技能的信心

不管哪项冬季奥林匹克运动项目，都需要学生花费大量时间和精力才能熟练掌握。这个过程是一个锤炼意志、展现坚持和耐心的过程。学习滑雪、花样滑冰等并不是一蹴而就的，需要学生不断地进行练习和反复琢磨，才能逐渐掌握其中的技巧和要领。在这个过程中，学生可能会面临各种困难和挑战，如他们可能会摔倒、失误或无法顺利完成某个动作。然而，失败并不意味着他们的努力和坚持没有价值。相反，学生可以从失败中吸取教训，重新评估自己的方法和策略，并勇敢地再次尝试。通过不断地克服困难，学生能够培养出坚忍的意志和顽强的毅力，为未来的挑战做好准备。

通过参与冬季奥林匹克运动的训练和比赛，学生逐渐拥有了战胜困难的勇气和毅力。无论是面对身体上的困难，还是技术上的挑战，学生都能坚持下来，并不断增强自己的能力。锻炼意志的过程不仅使学生在运动中取得了成就，更使他们具备了应对日常生活中的各种困难和挑战的能力。

（三）面对挑战的勇气

对学生来说，不管是学习滑雪，还是学习花样滑冰，抑或是学习冰球，都不是一件容易的事，都需要他们付出大量的时间和精力去练习。在这个过程中，他们可能会面临许多挑战，如平衡的掌握、速度的控制、复杂动作的完成等。然而，正是这些挑战，促使学生不断提高技能水平，不断突破自己的极限，超越自我。这种面对挑战的勇气不仅有助于他们在运动中取得更好的成绩，也会使他们学会面对生活中的各种挑战，帮助他们面对各种挑战、克服困难，取得更大的成就。

二、培养团队合作精神

（一）共同目标

在团体项目中，每个队员都需要为了一个共同目标而努力。此时，个人的能力和表现无法决定团队的胜负，而是需要团队成员之间的密切合作和默契配合。这就要求每个队员必须理解并接受团队的共同目标，并为之奋斗。他们需要在个人意愿和团队目标之间找到平衡，甚至为了整个团队的利益牺牲部分个人利益。这要求学生具备较强的团队合作精神。

在团队合作的过程中，学生将会明白个人的能力和努力固然重要，但团队的整体力量更为强大，只有加强合作，才能取得更大的成就。而且，在冬季奥林匹克运动中，团队合作不仅发生在比赛场上，还贯穿于训练和备战的整个过程。团队成员之间相互鼓励、相互激励，一起讨论和制订训练计划，互相帮助，共同进步。

（二）团队配合

在团队项目中，每个队员都有自己的特长和优势。他们需要了解自己的责任和任务，并在比赛中充分发挥自己的能力。只有通过良好的团队配合，才能在激烈的比赛中取得最好的成绩。团队配合不仅包括在比赛场上的默契合作，也包括平时的训练和准备阶段。学生需要共同制订训练计划，相互帮助和支持，共同提高技术水平，共同面对困难和挑战，共同解决问题，并相互激励和鼓励。

团队配合要求学生具备良好的沟通能力和合作意识，不仅要倾听和理解队友的意见和想法，还要表达自己的观点和建议。通过这个过程，培养相互理解和信任的关系，增强团队凝聚力。这种团队配合精神将在学生的成长过程中发挥重要作用，帮助他们建立自信，取得更大的成就。

（三）尊重和信任

在团队合作中，尊重和信任是非常重要的。团队成员之间要尊重彼此的差异，充分认可每个人的价值。这种尊重和信任也是对个体意志力的一种锻炼。

在团队合作中，学生需要相互信任，即每个人都要相信自己的队友有能力完成他的任务，并相信团队的力量，从而充分发挥团队的优势。值得注意的是，建立尊重和信任的关系需要时间和努力。学生需要学会倾听和尊重每个人的意见和建议，同时要展示自己的可信赖性和责任感，通过自己的行动赢得队友的尊重和信任。还有一点值得注意，即团队合作中的尊重和信任不仅体现在比赛场上，也贯穿于训练和日常生活中，并对学生的个人成长和意志力锻炼具有深远影响。

三、提升自我挑战的能力

（一）设立并追求目标

设立目标是学生参与冬季奥林匹克运动的第一步。他们要明确自己想要达到的目标，并将其转化为可行的计划和行动步骤，这个过程需要他们认真思考自己的能力，并制定出具体的、可衡量的目标。追求目标是学生锤炼意志力的重要过程。在追求目标的过程中，学生会面临各种困难和挑战。他们需要保持坚定的意志，克服困难，不断努力，持续进步；他们也需要调节好自己的情绪，保持积极的态度，相信自己能够达到目标；他们还需要不断进行自我评估和调整，检视自己的进展，分析自己的优势和不足，并相应地调整自己的计划和行动。这种自我评估和调整的能力有助于他们在实现目标的过程中不断提升自己。

（二）面对并克服困难

冬季奥林匹克运动本身就具有一定难度和挑战性，学生面对冰雪等特殊环境可能会遇到许多困难。例如，他们需要掌握平衡、速度控制和技术动作等方面的技能，以及需要面对各种竞争压力和不确定性。这些困难要求学生保持积极的态度和顽强的毅力。具体而言，他们要学会接受挑战并从中汲取经验和教训，不断提升自己的技能。通过不断面对并克服困难，增强自己的自信心和适应能力，从而不断成长和进步。

（三）树立并保持持之以恒的精神

持之以恒的精神是锤炼意志力的重要因素。技术提高是一个需要长期投入和保持耐心的过程。学生在学习和训练中会遇到各种挑战和困难，如技术难点、身体疲劳等，而持之以恒的精神能够帮助他们克服困难，突破自我，取得更大的成就。持之以恒的精神体现在高度的热情和长远的目标上。因为，学生需要坚定信念，不断努力，不轻言放弃，保持对运动的热情和对目标的追求；需要树立正确的价值观和长远的目标，将困难视为成长的机遇，始终保持对运动的激情和动力。持之以恒的精神也体现在积极的学习态度和良好的训练习惯上。因此，学生需要制订科学合理的训练计划，每天坚持进行规范的训练；需要注重细节，持续改进自己的技术；需要有耐心和毅力，不急于求成，逐步提高自己的水平，从而不断进步，逐渐实现自己的目标。

（四）自我超越

体育运动不仅是与别人的竞争，更是对自己的挑战。学生通过参加冬季奥林匹克运动，可以体验到自我挑战和自我超越的过程，这对锤炼他们的意志力有着重要的影响。

在自我挑战的过程中，学生会遇到技术、体能等方面的困难和挑战。然而，正是这些困难和挑战激发了他们的斗志和决心，让他们不断寻求突破和提高。通过不断努力和训练，学生可以逐渐超越自我，取得更好的成绩和表现。当他们勇敢面对挑战并超越自我时，成就感和自信心也会随之增强。这种自我超越的经历不仅对他们参与体育运动有积极的影响，也会对他们的学习和生活发挥重要作用。除此之外，自我超越的过程还能够培养学生的竞争意识和进取精神。他们会不断与自己过去的表现进行比较，从而追求更高的目标和更好的成绩。这种积极向上的态度将激发他们在体育及其他领域的潜力，进而不断提升自己。

四、培养遵守规则的精神

（一）规则意识的培养

参与冬季奥林匹克运动的学生需要了解和掌握各项运动的规则，包括比赛流程、技术规范、判定标准等。更重要的是，他们要在比赛中严格遵守这些规则。这种规则意识的培养不仅能够使学生在比赛中公平竞争，还能够培养他们的纪律性和责任感。

遵守规则是体育运动的基本要求。在任何体育项目的比赛中，运动员都需要遵守比赛的规则，以保证比赛的公正、公平。规则意识的培养能够帮助学生养成良好的行为习惯。通过在比赛中遵守规则，学生会明白，只有在遵守规则的前提下，才能体验到真正的竞技乐趣，才能够获得他人的认可和尊重，才会深刻体会到规则对体育运动的重要性。规则不仅是限制和约束，更是保障公平竞争和维护体育价值的基石。只有遵守规则，才能够保证比赛的公正性，赋予体育运动更深远的意义和价值。更重要的是，规则意识不只对学生参与体育运动有帮助，还将影响他们学习、工作、生活的方方面面，促使他们成为守法、守规矩的好公民。

（二）纪律性的增强

遵守规则需要具备较高的自律性，特别是在比赛中，不遵守规则可能会失去比赛机会或受到处罚。通过在运动中遵守规则，能进一步增强学生的纪律性。

冬季奥林匹克运动要求学生严格遵守各项比赛规则和行为准则。无论是个人项目还是团队项目，学生必须遵循比赛规则，并尊重裁判和对手。这种纪律性的培养对学生的成长和发展非常重要。遵守规则的过程是一个自我约束和自我要求的过程。学生需要在比赛中控制自己的行为和情绪，避免出现任何违规行为。这要求他们具备良好的纪律性，按照规则行动，并在逆境和压力下保持冷静和理智。纪律性的提升还能够增强学生的责任感和团队精神。每个运动员都是团队中的一员，他们的行为和表现不仅影响自己，也会影响整个团队的成绩和形象。因此，他们必须意识到自己的责任，增强纪律性，并为团队的荣誉奋斗。通过参与冬季奥林匹克运动，学生会深刻认识到纪律性是成功的基石，只有在遵守规则的前提下，才能够实现个人和团队的目标。

（三）公平竞争价值观的树立

规则是保证公平竞争的基础，遵守规则就是尊重竞争、尊重对手，这是体育精神的核心所在。通过参与冬季奥林匹克运动，学生能够认识到遵守规则、公平竞争的重要性。冬季奥林匹克运动的每个项目都有明确的规则，这些规则确保了比赛的公正性和公平性。学生参与这些项目时，需要遵守相应的规则，不利用任何非法手段获取竞争优势。这要求学生保持良好的道德品质和职业操守，树立公平竞争的价值观。

具体来讲，在比赛中，学生要尊重对手的努力和成绩，不抱怨或诋毁对手，不采取任何不正当手段获胜，而是通过自身的努力和实力取得成功。通过参与冬季奥林匹克运动，学生将领悟到公平竞争的真正意义，即只有遵守规则，尊重竞争对手，才能够真正体验到体育运动带来的乐趣和成就感。这种公平竞争的价值观将贯穿他们的学习、工作和生活，使他们成为有道德、守纪律的优秀公民。

（四）处理冲突的能力

遵守规则的过程中可能会出现各种冲突。如何正确处理这些冲突，在遵守规则的同时，争取自己的权益，也是一种意志力的锻炼。

比赛中出现意见不合、争执甚至纠纷的情况并不少，如比赛选手对裁判的评判有异议。因此，如何妥善地处理冲突就尤为重要。这就需要学生具备良好的抗压能力和决策能力。他们需要在高压和紧张的情况下，保持冷静和理智，并找到妥善的解决方案。这要求他们具备辨别是非的能力，能够站在公正的角度思考问题，并尊重他人的意见和权益。在处理冲突的过程中，学生需要倾听和理解他人的观点，与他人进行有效沟通，并共同寻求解决方案。这个过程能够显著增强学生的沟通能力和问题解决能力。这些能力的培养将对他们未来的学习、工作和生活产生积极的影响。而且，处理冲突还可以培养学生的团队意识和合作精神。在团体项目中，冲突的处理尤为重要。学生需要以团队的利益为重，妥善解决内部冲突，保持团结和合作。这将增强他们的团队凝聚力，提高团队的绩效。

五、塑造坚韧不拔的人格特质

（一）具有挑战性的体验

冬季奥林匹克运动具有较大的挑战性，如在寒冷的环境中进行高强度的运动，以及一些具备技巧性的动作等。这种具有挑战性的体验能够鼓励学生不畏艰难，锤炼他们的意志力。

冬季奥林匹克运动给学生提供了迎接挑战的机会，挑战不仅仅来自外界环境的苛刻，也来自内心对自己能力的怀疑。参与冬季奥林匹克运动的学生将面对各种困难和挑战，如技术要求高、竞争压力大、体能训练辛苦等。这些挑战需要他们克服恐惧和怀疑，勇敢地面对，并努力突破自己的极限。通过应对挑战和克服困难，学生可以逐渐塑造坚韧不拔的人格特质。例如，他们会懂得面对失败和挫折，不能轻易放弃，要坚持不懈地追求目标；他们会学会调整自己的思维方式，积极应对困难，寻找解决问题的方法。这种坚韧不拔的品质将伴随他们一生，使他们在面对各种困难和挑战时，始终保持积极向上的态度。另外，冬季奥林匹克运动具有挑战性的体验还能够培养学生的自信心和自尊心。通过超越自我和挑战极限，学生会逐渐建立起对自己能力的信心，增强自尊感和自我价值感。他们会明白自己的潜力是无限的，只要努力和坚持，就可能取得更好的成绩。

(二)坚持不懈地学习

通过参与冬季奥林匹克运动，学生明白只有通过不断学习和训练，才能够提高自己的技能水平，一蹴而就的成功是不存在的，只有持续不断地努力和坚持不懈地学习，才能够取得进步。

在参与冬季奥林匹克运动过程中，学生将面对各种技术难题和挑战，这需要他们具备坚韧不拔的毅力和决心，不断调整自己的动作，不断改进自己的表现，经历反复的尝试、失败和重新尝试的过程。只有这样，才能不断突破技术瓶颈，取得更好的成绩。这种坚持不懈的学习精神将伴随他们一生，当他们在学习和生活中遇到困难和挑战时，也能不屈不挠地追求自己的目标。

(三)逆境中的自我超越

在充满竞争的压力下比赛，学生需要找到并充分发挥自己的优势，同时需要克服自己的弱点。这种在逆境中自我超越的经历，对塑造学生坚韧不拔的人格特质有着极大的帮助。

由于冬季奥林匹克赛场竞争的氛围较为激烈，学生需要在这样的环境下展示自己的实力，并与其他选手竞争。所以在比赛过程中，他们可能会面临失败等逆境，但正是这些逆境激发了他们内心的潜能和意志力。面对逆境，学生需要保持积极的心态和坚定的信念，超越自我并寻找突破口。因此，他们需要经历长时间的训练和备战，不断调整和提升自己的技术和能力，以应对各种挑战和困难。这种在逆境中的自我超越，不仅要求学生具备坚韧不拔的毅力，还要求他们克服自身的局限，不断寻求改进和进步。逆境中的自我超越能培养学生的适应能力和应变能力。他们需要在瞬息万变的比赛环境中做出决策和调整，快速适应各种情况和变化。这要求他们具备灵活性和应变能力，能够在压力和挑战下保持冷静和沉着。逆境中的自我超越也能帮助学生树立正确的价值观和追求。参与冬季奥林匹克运动将激发他们追求卓越的欲望，并意识到成功背后的艰辛和付出。他们会明白只有通过自我超越和不断努力，才能够实现自己的梦想和目标。

（四）困难中的乐观态度

在参与冬季奥林匹克运动的过程中，学生可能会遇到各种困难，如极端的天气、疲劳的身体等。在这种情况下，保持积极乐观的态度，相信自己能够克服困难，是非常重要的。这种乐观的态度，也是坚韧不拔的人格特质的一部分。

在参与冬季奥林匹克运动的过程中，学生会不可避免地遇到困难。寒冷的天气和恶劣的气候条件导致训练和比赛变得更加具有挑战性。此外，高强度的训练和激烈的竞争也会给学生带来身心上的压力和疲劳。这就需要学生具备坚韧不拔的品质，并以乐观的态度面对挑战。乐观的态度是一种积极向上的心态，它能够使学生看到困难背后的机遇和可能性。乐观的态度不仅能够帮助学生保持积极的心态，还能够增强他们的意志力和毅力，使他们更好地应对挫折和失败，不轻易放弃。在参与冬季奥林匹克运动的过程中，学生都希望取得优异的成绩，但并非每个人都能够如愿以偿。此时，乐观的态度尤为重要。遭遇挫折和失败是非常正常的，学生需要做的是从失败中吸取教训，重新调整目标，并继续努力，坚信失败并不代表终结，而是一次学习和成长的机会。乐观的态度还有助于培养学生的团队合作精神。在冬季奥林匹克运动的团体项目中，学生需要与队友紧密合作，共同追求成功。面对困难和挑战，乐观的态度能够促进团队成员之间的相互信任和支持，增强团队凝聚力，共同克服困难，取得更好的团队成绩。

第四节　学校体育应始终致力学生健全人格发展

一、提高个体自我认知

（一）发现个人优势

冬季奥林匹克运动涵盖多种项目，在接触和参与这些项目的过程中，学生可以发现自己在运动技能、体能或者合作能力等方面的优势。这种发现可以帮助学生建立起自信心和自尊心，这是个体健全人格的重要因素。

通过参与冬季奥林匹克运动，学生有机会尝试不同的运动项目，体验不同的技巧和动作。在这个过程中，学生会发现自己在某些运动项目上表现出色。这种发现带来的自我认知是学生健全人格的关键一步。发现个人优势对学生增强自信心和自尊心具有积极影响。当学生意识到自己在某个运动项目上具备一定天赋时，他们会更加自信地面对挑战和竞争，会更相信自己有能力取得进步和成功，从而展现出积极向上的态度。同时，发现个人优势也能增强学生自我提升的动力。一旦学生意识到自己在某个领域具备优势，他们会更加努力地训练和学习，以进一步提高自己的能力。这种持续的自我提升过程有助于学生形成积极向上的心态，并对学习和生活产生积极的影响。

（二）意识到个人短板

参与冬季奥林匹克运动不仅可以让学生发现个人优势，也可以让学生意识到自己的短板，如哪些技能需要进一步提高，哪些技巧需要进一步练习。这种自我认知能够鼓励学生在面对挑战和困难时更加积极地寻求改进。

在参与冬季奥林匹克运动的过程中，学生会接触到各种技能要求较高的运动项目，从而容易暴露出他们在某些方面的不足。例如，他们可能发现自己在滑雪技巧、冰上动作等方面相对较弱，或者在体能、耐力方面有待加强。意识到个人短板是学生成长和进步的重要一步。意识到个人短板并不意味着失败，相反，它能激发学生寻求改进的动力。面对自己的不足，学生应更加积极地参与训练和学习，寻求专业指导和技巧提升，以弥补个人短板。这种积极的态度和行动是个体健全人格的重要组成部分。意识到个人短板有助于学生提高自我认知和自我评价的准确性，增强进取心和自我管理能力。当面对困难和挑战时，学生能更加坚定和勇敢，不畏艰难，始终追求进步和突破。意识到个人短板也有助于学生培养适应性思维和学习能力。他们会意识到自己需要不断学习和提升，以适应运动项目的要求和挑战；他们会主动寻求教练和同伴的帮助，接受指导和建议，并将其转化为改进的动力。这种积极的学习态度和能力对个体健全人格至关重要。

（三）理解和尊重多样性与差异性

冬季奥林匹克运动涵盖多种项目，每个项目都有不同的技能要求和特点。例如，有的项目需要敏捷的反应，有的项目需要良好的平衡和协调能力。学生在接触和参与这些项目时，会意识到不同人在不同项目上具备不同的优势和能力，从而促使他们学会理解和尊重多样性与差异性。

每个人都有自己的特点和潜能，而不同的运动项目可以为不同的人提供展示自己的机会。由此学生可以意识到，体育是一个包容和多元的领域，不同人可以通过不同的方式展现自己的才能。理解和尊重多样性与差异性对学生的人格发展至关重要。他们不再仅仅关注自己的优势和能力，也开始尊重和欣赏他人的不同。他们学会接纳不同的观点、兴趣和能力，这种开放和包容的态度有助于他们建立良好的人际关系，培养团队精神。另外，理解和尊重多样性与差异性还可以培养学生的批判性思维和创造力。当他们接触到不同的运动项目时，他们会思考不同技巧的适用性、不同战术的优劣等。这种思考能够激发他们的批判性思维和创造力，使他们从多样性中寻找新的解决方案和创新点。

（四）提升自我反思与自我评价能力

在参与冬季奥林匹克运动的过程中，学生需要不断地对自己的表现进行反思和评价，从而了解自己的成长和改变。这种自我反思和自我评价能力，对提高学生的自我认知能力及形成健全的人格具有重要的作用。

学生在参与冬季奥林匹克运动的过程中会经历各种训练和比赛，每次训练和比赛结束后，他们会回顾自己的技能展示、战术运用、团队合作等方面的优点和不足之处。这种自我反思的过程能够帮助学生了解自己的成长和进步，发现可以改进的空间。与自我反思相伴随的是自我评价。学生需要学会对自己的表现进行客观、准确的评价，不仅要看重结果，更要注重过程中的努力和进步。这种自我评价能力能够帮助学生客观地认识自己的优点和不足，从而为自我提升制订合理的目标和计划。通过持续的自我反思和自我评价，学生能够逐渐提升自我认知能力，更加清楚地了解自己的兴趣、价值观和目标，从而更好地进行个人发展规划。

二、培养自主性

（一）自主设定目标

自主设定目标，是个体健全人格的重要方面。在参与冬季奥林匹克运动的过程中，学生需要根据自身的兴趣、能力和发展方向，设定适合自己的目标。例如，在某个特定运动项目中取得进步，提高技术水平，或者参加一场重要的比赛并获得好成绩。这个过程需要学生认真思考，厘清自己的意愿和追求。

自主设定目标的过程是学生主动思考和规划自己的学习和训练计划的过程。学生需要思考并制订具体的行动计划，将目标分解为可操作的小步骤，并根据实际情况进行调整和改进。在这个过程中，学生还能培养和增强自主管理和问题解决能力。除此之外，自主设定目标还能够增强学生的动力。因为是他们自己设定的目标，他们会更有动力去努力追求和实现。他们会积极参与训练，投入更多的时间和精力，不断突破自己的局限，即使面临困难和挫折，也能坚持下去，因为目标给予了他们前进的动力和支撑。这样的能力不仅在运动领域有用，还能对学生的学习和生活产生重要作用。

（二）规划训练

学生在参与冬季奥林匹克运动的过程中，需要规划自己的训练，包括训练的内容、强度、频率等。这个过程有利于学生培养自主性，增强自我管理能力，这也是健全人格的重要环节。参与冬季奥林匹克运动的学生需要根据自己的身体状况、训练需求和时间安排，制订适合自己的训练计划。例如，每周、每月的训练目标和安排，以及训练的内容和方法。

规划训练的过程培养了学生的自主性。他们需要根据自身情况进行自主决策，权衡利弊，考虑自己的时间管理和资源分配，选择适合自己的训练方式和目标。这种自主性的培养对学生的自我管理能力的提升和人格塑造具有积极作用。一旦制订了训练计划，学生就需要按照计划执行，克服重重困难，抵制各种诱惑，履行自己的训练承诺。更重要的是，规划训练的过程还能培养学生的自我反思和调整能力。在执行训练计划的过程中，他们需要定期回顾自己的训练成果，评估自己的进步和不足之处，并根据反思结果，相应地调整训练计划，寻找更好的提高方式和策略，进而不断优化自己的训练过程，取得更好的训练效果。

(三)自我激励

在冬季奥林匹克运动的训练与比赛过程中,学生可能会遇到各种困难,需要他们自我激励并坚持下去。这种自我激励能力不仅可以帮助学生在运动中取得成功,也是他们在生活中克服困难的重要因素。

冬季奥林匹克运动给学生带来了不少挑战和困难,如技术上的难题、身体上的疲劳和心理上的压力等。在这样的环境下,学生需要自我激励,保持积极向上的心态,告诉自己,困难和挫折是成长中的一部分,而不是放弃的理由,只要坚持努力,就一定能够克服困难,取得进步。自我激励的能力能够帮助学生更好地面对学习、生活中的各种困难。并且,当学生通过自我激励战胜困难,取得进步和成就时,会增强自信,这种自信对个体健全人格至关重要。

(四)培养责任感

冬季奥林匹克运动为学生提供了培养责任感的机会。这种责任感的培养不仅在运动领域发挥作用,还对学生的人格发展至关重要。

责任感的培养具体体现在三个方面:首先,冬季奥林匹克运动要求学生对自己的训练负责。学生需要制订合理的训练计划,确保按时参加训练,并全身心地投入其中。学生需要明确自己的训练需求,认识到每次训练的重要性,并确保自己付出足够的努力。对训练的负责,能够助力学生提高技能水平,取得更好的成绩。其次,冬季奥林匹克运动要求学生对自己的比赛结果负责。无论取得什么样的成绩,学生都需要接受,并学会从比赛中吸取教训,找到自己的不足之处,制订改进计划,从而不断成长和进步。最后,冬季奥林匹克运动要求学生对团队负责。在团体项目中,每个人的责任和贡献都是至关重要的。因此,学生应该明确自己在团队中的角色,明白自己的行动、决策对自己和团队的影响,认真履行自己的责任,与队友默契合作,共同完成团队目标。这种责任感不仅在运动领域发挥重要作用,还对学生的整体发展具有积极影响。

三、陶冶道德情操

(一)理解竞争与合作的关系

在冬季奥林匹克运动中,个人项目更强调竞争,而团体项目更强调队员之间的相互配合。通过参与这些运动,学生会认识到竞争与合作的关系,即它们是辩证统一的。这有助于学生理解社会中的竞争与合作关系,形成正确的道德观念。在竞争中,学生会体验到激烈的比拼和较大的压力,同时他们会意识到竞争是促进个人成长和进步的机会;他们学会尊重对手,遵守竞赛规则,并以客观、平常的心态对待胜负。通过竞争,学生能够发现自己的优势和不足,激发出更大的潜力,并通过不断努力来提升自己的技能。

在冬季奥林匹克运动团体项目中,学生需要相互配合、互相支持,共同追求团队的胜利。学生需要倾听和尊重队友的意见,发挥各自的优势,形成紧密的团队合作关系。通过合作,学生能感受到团队的力量,意识到通过团结协作可以取得更大的成就。更重要的是,当学生认识到在合作中互助、信任和分享的重要性,会自觉地将这种精神应用到日常生活中,与他人和睦相处、共同进步。

通过参与冬季奥林匹克运动,学生认识并深刻体会到竞争与合作辩证统一的关系。竞争可以激发个人潜力,而合作才能实现共赢。这种理解有助于学生培养正确的道德观念,在竞争中保持公平、公正,同时在合作中充分发挥个人作用,为团队贡献自己的力量。

(二)形成规则意识

冬季奥林匹克运动项目都有明确的规则,学生参与训练和比赛时需要严格遵守这些规则。遵守规则至关重要,因为它对学生在日常生活和社会活动中遵守法律与规章制度具有积极的推动作用。

遵守规则是一种尊重他人和社会的表现。通过参与冬季奥林匹克运动,学生明白了规则的设立是为了维护公平、公正。因此,他们需要尊重规则,尊重他人的权益,并将这种尊重延伸到日常生活中的各个方面。无论是在学校还是在社会中,遵守规则都是维护秩序、促进和谐的重要基石。遵守规则也是一种自我约束和自我管理的表现。冬季奥林匹克运动项目的规则对学生的训练和比赛至关重要。学生需要自觉遵守规则,严格要求自己的行为,不得以任何手段谋取不正当的竞争优势。这种自我约束和自我管理能够培养学生的自律性,使他们具备更强的自我控制和自我调节能力,这对他们日后的成长和发展具有重要的意义。遵守规则还能培养学生的公平意识和正义感。在冬季奥林匹克运动中,规则的存在旨在确保比赛的公平性、公正性。因为只有在公平的环境下,个体才能真正展现自己的能力。所以学生需要学会尊重他人的权益,不以任何不正当手段损害他人的利益。这种公平意识和正义感的培养有利于学生成长为具有良好道德品质的公民,为社会的进步和发展做出积极贡献。

(三)尊重他人

冬季奥林匹克运动教会学生尊重他人,具体体现在以下几方面。

其一,学生需要尊重教练的指导和辛勤付出,理解他们传授运动技能和战术是出于对自己发展的关心和支持。其二,学生需要尊重队友的努力和付出,彼此鼓励和支持,共同追求团队的成功。其三,竞争对手也值得尊重。无论是训练还是比赛,学生需要知道对手与自己一样经历了辛勤训练和努力,他们也渴望在比赛中取得好成绩。学生要尊重对手的努力和能力,遵守竞赛规则,以公平、公正的态度与对手交锋,建立良好的竞争关系,相互促进,共同提高。其四,学生需要尊重裁判。学生应该理解裁判是秉持公正原则、以事实为依据做出评判的。因此，应接受并尊重他们的判决，不得对裁判做出不尊重的行为。

尊重他人是建立公平、和谐的环境的重要前提。通过尊重他人，学生能够树立起友善、包容和互助的价值观，从而有助于他们在日常生活中尊重、善待他人，进而形成积极向上的社会风尚。

（四）公平竞争

冬季奥林匹克运动强调公平竞争，不允许任何作弊行为，任何胜利都要靠自己的努力来获得。这种公平竞争的精神对我国学校体育的发展具有深远的影响，能够培养学生的正义感和公平感，这也是健全学生人格的重要因素。

在冬季奥林匹克运动中，公平竞争是一条不可逾越的底线。学生需要明白只有遵守竞赛规则，依靠自己的努力，才能取得真正的胜利。任何时候都应该遵守规则，不以牺牲他人利益为代价追求个人的成功。成功并非只有胜利一种形式。学生需要学会尊重自己和他人的努力，尊重每一个参与竞争的人的付出，不仅看重结果，更看重在过程中的成长和收获。公平竞争的理念还能培养学生的正义感和公平感，让他们懂得在竞争中保持公正、公平和诚实的重要性。具体而言，学生通过参与冬季奥林匹克运动，体验到公平竞争的真谛，明白只有尊重规则、充分发挥自己的实力，才能在比赛中获得公正的评价和认可。这种体验能够使学生在学校生活和日常社交中也秉持公平竞争的理念，即不求偏袒，不怕困难。另外，公平竞争理念也能在团体项目中发挥重要作用。学生需要在竞争中尊重对手，与队友互助合作，共同追求团队的胜利。这种合作意识使他们能够在团队中发挥自己的优势，理解团结协作的重要性，并将这种合作精神应用到日常生活的各个方面。

四、体验成功与失败

（一）理解成功与失败的价值

参与冬季奥林匹克运动的比赛，无论结果是胜利还是失败，学生都可以从中得到成长和收获，清楚地认识到成功与失败都是人生路上的宝贵财富，是健全人格的重要组成部分。

成功的体验给予学生信心和满足感。当他们在比赛中取得优异的成绩、实现个人目标或获得肯定时，他们会感受到成功带来的积极影响。成功的体验激励学生持续努力，坚持追求卓越。学生逐渐明白成功不是偶然的，而是通过自己的努力、勤奋和才能取得的。学生可以在成功中积累经验，增强自信和动力，为应对未来的挑战做好准备。然而，失败也是学生健全人格的重要部分。失败并不意味着终结，而是一次新的起点。失败可以让学生认识到自己的不足，找到改进的方向。学生可以通过寻找失败的原因，从中吸取教训，努力补齐短板，为成功做足充分准备。

成功与失败的体验会让学生明白人生有起伏是正常的，重要的是如何应对并从中获得成长。成功并不是唯一的目标，在不断地尝试、奋斗和改进中提升自己更重要。同样，失败并不是终点，而是一次宝贵的经验，为之后的成长和进步奠定基础。学生通过体验成功与失败，能够树立正确的价值观和积极的人生态度。

（二）培养面对失败的勇气

在参与冬季奥林匹克运动中，学生可能会面临一次又一次的失败，但是他们可以通过不断尝试和改进，克服困难，取得成功。这种经历可以培养他们面对失败的勇气，激励他们在遇到挫折时，也能坚持不懈，勇往直前。

冬季奥林匹克运动给予学生面对失败的机会。无论是在训练中还是在比赛中，学生都可能经历技术上的失误、战胜不了强劲对手或者没有达到预期成绩的情况。通过积极面对这些失误或失败，学生可以培养出坚忍的意志和面对困难的勇气。失败是成功的一部分，而不是终止前进的理由。学生需要学会从失败中总结教训，分析原因，从而找到改进的方法。这种自我反思和自我提升的能力能够让学生更加成熟和自信。失败的经历还能帮助学生建立正确的价值观。通过体验成功与失败，学生能够更加理解成功与失败并非衡量人的价值和能力的唯一标准，而是人生旅程中的一部分，重要的是面对失败，不要轻言放弃，要以失败为契机，不断努力提升自己的技能。这种面对失败的勇气将在学生的人生道路上发挥重要作用，帮助他们克服困难，迎接更大的挑战。

冬季奥林匹克运动对我国学校体育的影响是深远的。在体验成功与经历失败的过程中，学生能够逐渐形成积极向上、勇往直前的人生态度。面对困难，学生能保持乐观和坚定，不畏挫折，勇敢追求自己的梦想。这些优良品质和心态将对学生的人格发展和未来的人生道路产生积极的影响。

（三）保持谦逊

当在比赛中取得成功时，学生应该保持谦逊的态度，这对他们形成健全的人格有着重要作用。

冬季奥林匹克运动为学生提供了体验成功的机会。但学生需要明白，成功不是单凭个人努力就能获得的，而是众多因素的综合结果。在参与冬季奥林匹克运动的过程中，学生需要与教练和队友紧密合作，相互支持、相互鼓励，共同克服困难和挑战，共同追求团队的成功。此外，学生还需要与其他参赛选手竞争，通过比赛展现自己的实力。所有这些因素共同促成了成功。然而，成功并不是自大和傲慢的资本。相反，学生应该从成功中积累经验。他们需要认识到，自己的成功离不开

第三章　冬季奥林匹克运动对我国学校体育的影响

他人的支持和助力。他们应该感激教练的指导、队友的合作以及对手的竞争。这种谦逊的态度能够使学生时刻保持谦虚，也能使学生保持开放的心态，倾听他人的意见和建议，还能使学生更加尊重他人，尊重他人的努力和价值，从而建立良好的人际关系。

（四）锻炼坚韧不拔的意志力

在参与冬季奥林匹克运动的过程中，学生会遇到各种挑战和困难。因此，学生需要锻炼坚韧不拔的意志力，持之以恒地进行训练，以取得优异的成绩。

成功并非一蹴而就，需要学生付出坚持不懈的努力。面对挫折和失败，学生不能气馁，而是从中吸取教训，勇敢地再次尝试。冬季奥林匹克运动的训练和比赛过程让学生体会到，只有具备坚韧不拔的意志力，才能不断超越自我，取得更好的成绩。坚韧不拔的意志力不仅在运动领域发挥重要作用，还能帮助学生克服学习、生活上的困难。

冬季奥林匹克运动对学生的影响是深远的。它通过锻炼学生坚韧不拔的意志力，助力学生在运动中取得更好的成绩，同时为学生的人格发展奠定坚实的基础。

五、形成多元文化理解

（一）接触多元文化

冬奥会作为全球性的盛会，吸引了来自世界各地的参赛者。这些运动员代表着不同的国家和文化，他们的风俗习惯、语言和思维方式都有所不同。通过参与冬季奥林匹克运动，学生有机会了解不同文化背景下的特色冰雪运动，从而开阔视野，增进对全球多元文化的理解和认识。

冬季奥林匹克运动为学生提供了了解不同国家体育文化的机会。他们可以观察、学习其他国家运动员的训练方法和比赛风格，了解他们在运动中展现出的独特技巧；还可以了解不同文化背景下的体育精神和价值观，进而形成对多元文化的理解和尊重。冬奥会通过文化展示和庆典活动，向全世界人们展示了不同国家的文化遗产和传统。开幕式和闭幕式等盛大的文艺表演呈现了不同国家的音乐、舞蹈等艺术形式，能够激发学生对不同文化的兴趣和好奇心。学生可以通过欣赏这些文化活动，加深对多元文化的认知，培养对其他文化的尊重和欣赏之情。形成多元文化理解能够使学生超越自身文化的局限，接纳不同的文化观念和习俗。这种开放和包容的心态有助于学生成为具有国际视野和跨文化交流能力的全球公民。通过参与冬季奥林匹克运动，学生能够从中体验到多元文化的魅力，并将这种体验融入自己的学习和生活中。

（二）培养包容和尊重的精神

冬季奥林匹克运动为学生提供了一个接触和了解多元文化的机会。通过接触多元文化，学生能够意识到文化的差异性和多样性。每种文化都有其独特的价值观和信仰体系，这有助于学生摒弃偏见，培养包容的心态，并从其他国家的文化中获得新的思维方式和观念。这种开放的心态，有助于培养学生的包容性思维，欣赏多元文化的价值。培养包容的心态和尊重不同文化的精神还需要学生学会站在他人的角度思考问题。通过了解不同文化的背景和历史，学生能够更好地理解他人的行为和观念，从而减少误解和冲突，也有助于学生在日后的生活中更好地融入多元文化的社会环境。

（三）形成全球视野

冬季奥林匹克运动为学生提供了一个体验文化多样性的机会。通过参与冬季奥林匹克运动，学生将感受到不同文化的碰撞和交流。这种经历有助于学生形成全球视野，这对他们未来的生活和工作具有重要影响。

通过参与冬季奥林匹克运动，学生将目睹不同国家和地区的运动员展现出的独特技艺和热情，了解到体育在不同文化中的重要地位。这种经历有助于他们形成全球视野，更好地理解和适应全球化趋势。通过了解不同国家的文化、风俗习惯和价值观，学生将学会欣赏和尊重不同文化之间的差异，理解并接纳文化的多样性。这种全球视野使他们能够超越狭隘的本土观念，面对不同文化背景的人，能够更好地理解和与之相处。更重要的是，形成全球视野还意味着学生会更关注全球性的问题和挑战，如环境保护、社会公平和可持续发展等。他们将意识到这些问题的重要性，并积极参与解决方案的探索和实施。这种全球视野将对学生未来的职业生涯和人际交往产生积极的影响。

第四章　冬季奥林匹克运动课堂多元价值的呈现

第一节　沉浸式体验激发运动参与的兴趣

一、身心并进的体验

（一）身体锻炼

冬季奥林匹克运动课堂为学生提供了一种沉浸式的体验，激发了学生对运动参与的兴趣。其中，身体锻炼是重要的一方面。冬季奥林匹克运动项目对学生的身体素质提出了较高的要求，如滑雪、滑冰等，不仅需要良好的体力，还需要灵活的协调性和敏捷的反应能力。参与这些运动，学生的身体素质能得到显著提升。

参与冬季奥林匹克运动，学生需要付出辛勤的努力，通过反复练习，逐渐增强自己的身体素质。无论是滑雪还是滑冰，都对学生的身体控制能力提出了严格要求。因此，学生需要不断地练习和训练，在这个过程中，学生还能挖掘自己的潜能。还有一点需要加以高度重视，即身体锻炼还能帮助学生保持身心的健康与平衡。通过参与冬季奥林匹克运动，学生能够释放压力，放松身心，提高幸福感和生活质量。身体的活动不仅能够促进血液循环和新陈代谢，增强免疫力，还能放松心情，减少焦虑。

（二）意志挑战

从学校开设奥林匹克运动课堂的初衷来看，就是要为学生提供一种更为真实的体验感，从而激发学生运动参与的欲望。在这种真实的体验感中，意志挑战是重要的一方面。在参与冬季奥林匹克运动的过程中，学生常常面临各种技术难题，这对学生的意志力提出了巨大的挑战。

参与冬季奥林匹克运动的学生需要克服困难，勇敢地应对挑战。面对寒冷的天气和高难度的动作，学生需要在身体和心理上都做好充足的准备，在克服困难的过程中，学生能逐渐培养出坚韧的意志力。意志挑战要求学生学会自我调节和控制。一些冬季奥林匹克运动项目中的技术动作和技巧需要精准的控制和协调，学生需要具备耐心和毅力，在训练中不断完善自己的技能；还需要深入了解运动规则和技术要领，并通过反复练习不断提高自己的技能水平。意志挑战还涉及学生的自我管理能力。为了取得进步，学生需要制订合理的训练计划，并严格执行。他们需要具备坚持不懈的毅力，克服困难，始终保持对运动的热爱和追求。这种自我管理能力不仅在运动领域起着重要作用，还会影响学生日常生活的方方面面。

（三）精神锻炼

冬季奥林匹克运动课堂与其他体育课堂活动相比，之所以更能吸引学生的注意力，激发学生运动参与的积极性，其重要原因之一就是能够让学生感受真实的运动环境，这无疑也为学生的运动精神培养提供了锻炼机会。

学生可能会在滑雪中摔倒，在滑冰时失去平衡，甚至受伤，但这些困难不应成为学生前进的障碍，相反，学生应从失败中汲取教训，努力寻找改进的方法，并勇敢地不断尝试。这种精神锻炼有利于培养学生坚强的意志力和乐观的精神。精神锻炼要求学生具备耐心和毅力。一些技术动作和技巧需要反复练习和调整，学生需要付出长时间的努力，持之以恒地追求自我提升；还需要明确目标，制订计划，坚持不懈地朝着目标前进。精神锻炼还涉及学生的自我超越和成长。在冬季奥林匹克运动课堂中，学生需要不断挑战自己的极限，在技术上不断精进，取得更大的进步。这种自我超越的经历会让学生更多地挖掘自己的潜力，从而增强自信，培养积极的心态。

（四）体验乐趣

冬季奥林匹克课堂的开设，无疑让学校体育教学活动的开展形式更具创新性，而这种创新性更能为学生带来不一样的体验。其间，通过参与冬季奥林匹克运动，学生能够体验到运动带来的乐趣，从而进一步加深对运动的热爱和投入。

冬季奥林匹克运动带来的乐趣表现在三个方面：第一，学生可以体验到速度的刺激。例如，在滑雪运动中，学生可以感受风在耳边呼啸、雪在脚下飞舞的感觉，尽情体验飞驰而下的刺激。这种体验让学生感到兴奋和激动，能进一步激发他们对运动的热情。第二，学生能够体验到技术的精进。冬季奥林匹克运动要求学生掌握复杂的技术动作和技巧，如滑雪中的弯道转弯、滑冰中的优雅滑行等。通过不断学习和练习，学生能够感受到自己的进步和成长。第三，学生能够体验到团队合作的乐趣。在团体项目中，学生需要与队友密切合作，相互支持和配合。通过共同努力，他们可以取得团队的胜利，分享成功的喜悦。这种团队合作的乐趣能够培养学生的团队合作意识，同时加深他们对运动的热爱。

（五）提升自我

冬季奥林匹克运动课堂另一个魅力体现在学生参与运动项目时，可以在特殊的运动环境和氛围下，实现对自我运动能力和思想意识的提升。因为在参与冬季奥林匹克运动的过程中，学生学会面对挑战、克服困难、提升自我，这对他们应对生活中的困难与挑战同样至关重要。

参与冬季奥林匹克运动需要学生付出持续的努力。无论是滑雪、滑冰还是其他运动项目，都需要学生克服技术难题，应对身体挑战和心理压力。在这个过程中，学生必须保持决心和毅力，不断挖掘自己的潜力，不断尝试突破自己的极限。同时，冬季奥林匹克运动课堂注重培养学生的精神力量。运动过程中的失败、挫折和困难可以让学生深刻体会到坚持、努力和耐心的重要性。他们会学会从失败中吸取教训，不轻言放弃，勇敢向目标迈进。通过身心并进的体验，学生不仅能提升自身的能力，还能意识到自我发展的重要性。这种自我提升的意识，将对学生的全面发展起到积极的推动作用。

二、合作与创新的体验

（一）团队协作

在冬季奥林匹克运动课堂中，团队协作是一项重要的体验。在冰球、双人滑等团体项目中，学生需要学会如何与队友密切合作，以达到最佳的表现。这种团队协作的体验不仅仅是为了取得好成绩，更是为了培养学生的社交技能和团队精神。

在团队协作的过程中，学生需要学会倾听和理解他人的观点和意见。每个队员都有自己的特长，通过相互合作，可以充分发挥各自的优势，共同实现团队目标。团队协作还能够培养学生的沟通能力和问题解决能力。在团体项目中，队员需要通过沟通和协商，共同解决遇到的困难和挑战。通过这样的体验，学生能够学会如何与他人有效沟通，以及解决问题的方法和技巧。这对学生未来的学习和工作都非常重要，能够使他们形成良好的团队协作意识，更好地与他人合作，解决各种问题。

更重要的是，团队协作的体验还能够培养学生的领导能力和责任感。在团队中，学生有机会扮演领导者的角色，负责组织和指导团队的工作。通过这个体验，学生学会了承担责任，增强了领导能力。

（二）个人创新

在冬季奥林匹克运动课堂中，个人创新是一项重要的体验。无论是在滑雪、滑冰还是其他运动项目中，学生需要不断探索和创新，以应对不同的挑战和环境变化。这种个人创新的体验不仅是为了提高运动表现，更是为了培养学生的创新思维和独立解决问题的能力。

在参与冬季奥林匹克运动过程中，学生面临各种各样的情况和难题，需要灵活运用自己的技巧和知识，制定最佳的解决方案。例如，在滑雪项目中，他们可能会遇到不同类型的雪道和地形，需要根据实际情况进行技术调整和创新。通过不断尝试和探索，他们可以发现新的滑雪技巧，以适应不同的滑雪环境。个人创新不仅仅是技术层面上的，也包括思维和策略层面的。学生需要学会观察和分析比赛情况，灵活应对对手的策略变化。学生需要通过思考和判断，在关键时刻做出正确的决策，以取得优势。这种创新思维的培养让学生具备了独立解决问题和适应变化的能力，这对他们的综合发展具有重要意义。个人创新的体验还培养了学生的自信心和勇气。在面对未知挑战时，学生需要相信自己的能力，敢于尝试新的方法和技巧。需要注意的是，个人创新与合作是相辅相成的。学生通过个人的创新为团队带来新的突破和进步，同时从团队中获得支持和鼓励。这种创新与合作的体验不仅能够提高学生的个人能力，还能够促进与他人的互动与合作，培养他们的团队意识和合作精神。

（三）突破限制

在冬季奥林匹克运动课堂中，学生通过创新与合作的体验，在挑战自我的过程中，锻炼了自己的挑战精神。

冬季奥林匹克运动涉及各种技巧和动作，要求学生克服身体上的困难，掌握复杂的技术要领。在学习和训练的过程中，学生可能会遇到各种困难和障碍，如技术上的瓶颈、身体上的不适及心理上的压力等。为突破限制，学生既需要具备坚定的决心和毅力，也需要相信自己的潜力和能力，不断尝试和探索新的方式、方法；还需要超越自我。他们要跳出舒适区，挑战自己的极限。面对自己的弱点和不足时，他们不应气馁，而是用积极的态度努力去克服。通过不断超越自我，学生逐渐意识到自己潜力的无限可能性。在突破限制的过程中，学生也培养了坚强的意志。面对困难和挑战，学生懂得了努力奋斗和坚持不懈的重要性，不论遇到什么困难和阻碍，都应坚守信念，不屈不挠地向前迈进。通过突破限制的体验，学生不仅在运动技能上有所突破，还锻炼了自己的意志力。这对学生之后的成长和发展具有重要作用。

（四）学习策略

在沉浸式体验激发运动参与兴趣的过程中，合作与创新的体验为学生提供了学习策略的宝贵机会。特别是在团队项目中，学生需要学会如何与他人沟通，制定和实施策略，这将对他们未来的生活和工作产生深远的影响。

在冬季奥林匹克运动课堂中，学生会参与各种团体项目。在这些团体项目中，个体的成功不仅取决于个人的表现，更取决于团队的协作。为了在比赛中取得优异的成绩，学生需要学会有效地与队友沟通，制定战术和策略，共同解决问题。通过参与团体项目，学生学会了如何倾听和理解他人的意见和建议；学会了尊重不同的观点和意见，以达到更好的团队合作；学会了如何有效地表达自己的想法和观点，为团队实现目标做出贡献。学习策略不仅在团体项目中发挥作用，还对个人的技能学习产生重要影响。学生在冬季奥林匹克运动中接触到各种不同的技巧和技术要领，他们需要学会如何有效地学习和掌握这些技能。通过创新与合作的体验，学生能够发现和探索适合自己的学习策略，如分解复杂的动作、模仿优秀的运动员、反复练习等，从而更加高效地提高自己的技术水平。学习策略的培养对学生的未来发展至关重要。在日常生活和工作中，学生也会面临各种各样的挑战，而学生在冬季奥林匹克运动课堂中的学习策略将为他们应对这些挑战提供有力的支持。

（五）自我发展

在沉浸式体验激发运动参与兴趣的过程中，合作与创新的体验不仅能够培养学生的团队合作能力和创新思维，还有助于他们的自我发展。通过创新与合作体验，学生能够更好地认识自己，了解自己的优点和不足，从而为自己的未来发展奠定坚实的基础。

在团队合作的过程中，学生需要与他人进行有效沟通和协作。面对各种挑战和困难，学生需要发挥个人的创新思维和问题解决能力。通过与团队成员的互动和协作，学生能够更深入地了解自己的特点和角色，同时学会如何在团队中发挥自己的优势，与他人共同创造卓越的成绩。学生在参与冬季奥林匹克运动的过程中，面对各种技术和运动挑战，需要积极探索和尝试新的方法与策略，不断提升自己的运动技能，挖掘自己的潜力，从而在不断尝试和实践中成长和进步。这些创新与合作的体验为学生提供了深入了解自己、发现自己的机会，并为自己的未来发展打下坚实的基础。通过这些体验，学生能够更加清楚地认识自己的兴趣，找到自己感兴趣的项目，并为之努力奋斗。同时，通过与他人的合作和互动，学生能够建立自信心和自尊心，培养积极向上的心态，从而更好地应对未来的挑战和机遇。

三、规则与公平的体验

（一）遵守规则

在沉浸式体验激发运动参与兴趣的过程中，冬季奥林匹克运动课堂为学生提供了规则与公平的体验。通过学习各类冬季奥林匹克运动规则，学生能够深刻理解并体会到遵守规则的重要性，进而在日常生活中也能够遵守相应规则。

在冬季奥林匹克运动中，每个项目都有严格的规则和要求，以确保比赛的公正、公平。学生通过了解和学习这些规则，可以更好地理解比赛背后的逻辑和价值，明白在运动中遵守规则的重要性。课堂上，教师可以通过讲解规则、示范演练和实际参与等方式，让学生深刻理解规则的作用。通过遵守规则的体验，学生不仅能够学会尊重规则，还能培养纪律性和自律性。遵守规则需要坚持和约束自己的行为，这对学生的个人成长和发展至关重要。遵守规则的体验还能培养学生的团队合作意识。在冬季奥林匹克运动中，不仅个人需要遵守规则，整个团队也需要相互配合，遵循共同的目标和战术。通过参与团体项目，学生将深刻体会到规则对整个团队的重要性，从而学会如何相互信任、协调配合，共同创造出更好的成绩。

（二）公平竞赛

在沉浸式体验激发运动参与兴趣的过程中，冬季奥林匹克运动课堂也为学生提供了公平竞赛的体验。冬季奥林匹克运动是在公平的环境中进行的，每个参赛者都必须在同样的条件下比赛。通过这样的体验，学生能够深刻理解到，无论是在学习还是在生活中，都应秉持公平竞争的原则。

在冬季奥林匹克运动课堂中，学生能够了解到公平竞赛的重要性。

比赛的规则和裁判的公正评判确保了每个参赛者在相同的条件下进行比赛。没有人可以因特殊身份或其他不公平因素获得特殊待遇。公平竞争是维护比赛公正性和公平性的基础，也是保证每个人都有公平机会的重要原则。通过公平竞赛的体验，学生能够培养公正的价值观，从而在学习和生活中，以公平、公正的态度对待他人，不偏袒、不歧视，以平等的眼光看待他人，尊重他人的权利和尊严。还有一点不可忽视，即公平竞赛的体验还能激发学生努力奋斗的动力。在公平竞争的环境中，每个人都有机会展示自己的才能。因此，学生懂得了只有通过不懈的努力和艰苦的训练，才能取得优异的成绩，而不能通过不正当手段获取胜利。这有利于塑造学生健康、正直的人格，从而更好地促进他们的成长和发展。

（三）尊重对手

在沉浸式体验激发运动参与兴趣的过程中，冬季奥林匹克运动课堂还为学生提供了尊重对手的体验。通过该体验，学生能够深刻认识到尊重对手的重要性。

在运动中，尊重对手是非常重要的。每个参赛者都经历了艰苦的训练和努力，都希望通过自己的努力获得成功。尊重对手意味着不仅要认可对手的努力，还要遵守比赛规则，不采取不正当手段获得胜利。这种尊重对手的态度体现了竞技精神和体育道德。尊重对手的精神能够提升学生的道德素质，使他们成为具有良好品德的人。在冬季奥林匹克运动课堂中，教师可以通过引导学生讨论尊重对手的重要性，分享尊重对手的真实经历和故事，或者通过组织学生参与合作活动，鼓励他们互相支持和帮助，来培养学生的团队合作精神，理解尊重对手的重要意义。通过这样的课堂学习活动，学生可以学会如何在竞争中保持冷静和平和的态度，如何尊重他人的差异和个性，从而培养开放、宽容和友善的心态。这些品质对他们未来的职业生涯具有重要价值。

（四）诚实守信

在沉浸式体验激发运动参与兴趣的过程中，冬季奥林匹克运动课堂着重强调诚实守信的重要性。在课堂上，教师可以通过多种方式让学生体会到，只有诚实守信，才能在比赛中赢得尊重和荣誉。

公平竞赛的核心是诚实守信。参与冬季奥林匹克运动的学生需要遵守比赛规则，不采取不正当手段获得竞争优势。在课堂上，教师可以通过情景模拟、案例讨论等方式，让学生思考和讨论诚实守信的重要性，从而让学生明白，只有通过诚实守信的竞争，才能获得真正的胜利和荣誉。而做出违反诚实守信的行为，不仅会失去他人的信任，还会遭受道德上的谴责。学生通过规则与公平的体验，将深刻领悟到诚实守信的重要性。诚实守信不仅是冬季奥林匹克运动的基本要求，也是人际交往的重要原则。学生通过将诚实守信的品质内化为自己的行为准则，能够树立起正确的道德观念和行为准则。

（五）培养良好的行为习惯

在沉浸式体验激发运动参与兴趣的过程中，冬季奥林匹克运动课堂通过规则与公平的体验，培养学生良好的行为习惯。通过参与运动并遵守比赛规则，学生能够逐渐形成一系列良好的行为习惯。这些习惯不仅在运动中发挥作用，也能在学生的日常生活和学习中发挥积极的作用。

在冬季奥林匹克运动课堂中，学生通过遵守规则和公平竞赛，形成了尊重他人、团队协作和诚实守信等重要行为习惯。遵守比赛规则是参与运动的基础，学生在比赛中遵守规则、尊重裁判和对手，有利于形成举止文明、尊重他人的行为习惯。这些行为习惯在日常生活中同样适用，有利于学生成长为遵纪守法、守信用、尊重他人的公民。除了遵守规则，公平竞赛也是冬季奥林匹克运动课堂培养学生良好行为习惯的重要途径。通过公平竞赛的体验，学生懂得了尊重对手的价值，明白只有通过公平竞争，才能赢得真正的荣誉和尊重。这种行为习惯应用到日常生活中，学生能够在与他人相处时，尊重差异、不欺凌他人、与他人友好合作。通过规则与公平的体验，学生明白了规则的重要性和遵守规则的必要性，同时懂得了尊重他人、团队协作和诚实守信的价值。这些良好的行为习惯将对学生的人格发展和综合素质的提升产生积极影响。

四、跨文化的体验

（一）接触多元文化

冬奥会作为全球性的体育盛事，吸引着来自世界各地的运动员和教练，他们代表着不同的国家、不同的文化背景和价值观。通过观看冬奥会、查找相关资料，学生能够感受到多元文化的魅力，了解不同国家和地区的风俗习惯、语言和思维方式。

在冬季奥林匹克运动课堂中，学生可以通过观看比赛、与其他国家的运动员和教练交流等方式，深入了解不同国家的体育文化。这种接触多元文化的体验不仅能开阔学生的视野，还能激发他们对世界多元文化的兴趣和好奇心。通过接触多元文化，学生可以更好地理解和尊重不同文化之间的差异。这种理解和尊重能够培养学生的包容心和跨文化交流能力。而且，学生接触多元文化还能够激发对自己国家和文化的自豪感。通过了解其他国家的特色体育项目和体育文化，学生可以更好地认识自己国家在冬季奥林匹克运动方面的特色和优势，从而激发对自己国家和文化的热爱和自豪感。这种多元文化体验将对学生的人格发展和全球意识的形成产生深远的影响。

（二）学习交流技巧

在与来自不同文化背景的人的交流过程中，学生面临着语言不通，信仰、价值观等不同的困难。为了有效地与他们进行交流，学生需要学习一些交流技巧和策略。

学生需要学会倾听和尊重差异。认真倾听对方的观点和意见，并展示出对对方文化的尊重，是重要的交流技巧。通过倾听，学生可以更好地理解对方的想法和感受，建立起良好的沟通基础。学生需要学会用简洁明了的语言表达自己的观点和想法，避免使用太多专业术语或文化特定词汇，以确保对方能够理解自己的意思。在沟通交流中，学生还可以灵活运用肢体语言进行交流。面部表情和身体姿态等都可以传递信息和情感。而且，通过学习和观察对方的非语言表达，学生可以更好地理解和回应他们的需求和期望。还有一点需要加以高度重视，即在学习交流技巧的过程中，学生会逐渐培养文化包容性。他们会认识到不同文化之间的差异，并学会尊重这些差异。这样的体验不仅能够提高学生的社交技巧和文化理解能力，还能够培养他们的包容性和尊重他人的品质，从而帮助他们更好地适应多元文化社会。

（三）增强适应能力

跨文化体验要求学生面对和适应不同文化的生活方式、价值观和社交规则。这要求学生形成开放的心态，并增强适应能力。

面对新的情境和挑战，学生需要寻找适合自己的解决方案。这样的经历将帮助他们培养出创造性思维，以应对各种不确定性和变化。通过接触不同的思考模式和观念，跨文化的体验还可以开阔学生的视野，扩大他们的认知范围。这样的体验将有助于培养学生的全球意识和国际视野，使他们更好地适应全球化的社会。总之，通过跨文化的体验，学生能够增强适应新环境的能力，培养出开放的心态和尊重他人的品质。学生将更加自信和自觉地面对多元文化的挑战，并在其中找到自己的定位和价值。这些能力和品质将为他们未来的学习、工作和生活奠定坚实的基础。

（四）培养包容的心态

在了解和接触不同文化的过程中，学生会面临不同文化之间的差异。这些差异可能涉及语言、价值观和行为习惯等方面。然而，通过积极的学习和交流，学生可以逐渐理解和接纳这些差异，培养出包容的心态。

包容的心态是一种开放、宽容和尊重的心态。它能够使学生欣赏和接纳文化的多样性，并愿意与他人建立互相理解和尊重的关系。通过体验不同文化，学生将逐渐认识到每种文化都有其独特的价值，从而消除偏见和歧视。培养包容的心态的过程也需要学生主动去了解和学习不同文化的历史、传统和背景。学生可以通过阅读、观察和与来自不同文化背景的人交流，深入了解和感受他们的文化，从而增强自己的文化理解能力。在冬季奥林匹克运动课堂中，教师可以通过多种教学方法，让学生了解不同文化的习俗、艺术和风俗。例如，组织学生观看不同国家的文化表演或展示。这样的体验将使学生更加深入地了解和感受不同文化的魅力和独特之处。通过培养包容的心态，学生将更加乐于与来自不同文化背景的人合作与交流，更好地适应多元文化的社会环境。这将成为他们未来在全球化背景下生活和工作的重要优势。

（五）培养国际视野

冬季奥林匹克运动作为全球性运动，世界各地的人们，无论是专业运动员还是业余爱好者，都在积极参与。学生与来自不同国家和地区的人交流的跨文化体验将大大拓宽他们的视野，帮助他们认识世界的多样性和复杂性。

通过参与冬季奥林匹克运动，学生能够了解不同国家和地区的体育传统和发展情况。学生可以观摩其他国家运动员的训练和比赛，了解不同文化对运动的重视程度和对待运动的态度。这样的体验将为学生打开一扇了解全球体育发展的窗口，并激发他们对国际体育事务的兴趣。并且，参与冬季奥林匹克运动还为学生提供了一个了解国际体育组织和规则的机会。学生可以了解国际奥林匹克委员会以及其他体育组织的工作原理和目标。这将有助于学生对体育事业的全球化发展趋势有更深入的理解，并为他们未来的学习和职业规划提供重要的参考。通过冬季奥林匹克运动课堂培养国际视野，对学生的学习和发展具有重要的意义。随着全球化的加速推进，学生需要具备广阔的视野和全球意识，以适应不断变化的国际环境。通过冬季奥林匹克运动课堂，学生可以与来自世界各地的人建立联系，了解和欣赏不同文化的贡献，培养出开放、包容和全球化的思维方式。在学习和发展过程中，学生将会从跨文化的体验中获得许多宝贵的经验和启示。他们将学会尊重和欣赏不同文化的差异，增强自己的文化敏感性和全球意识。这将为他们未来的学习、工作和社交提供重要的优势，使他们能够更好地适应多元文化的社会环境。

五、挫折与成功的体验

（一）认识失败

在冬季奥林匹克运动中，无论是技术不够纯熟、策略不够明智还是心理素质不够稳定，失败都是不可避免的一部分。这种体验对学生来说十分宝贵。通过失败的体验，学生能够正视自己的不足和问题，并从中汲取教训。

冬季奥林匹克运动课堂提供了一个相较安全的环境，让学生能够在其中体验失败。他们可以分析自己失败的原因，思考如何改进自己的技术、战术和心态。这种自省和反思的过程不仅有助于提高学生的运动水平，更重要的是能培养他们面对困难和挫折时的毅力。在冬季奥林匹克运动课堂中，认识失败是学生发展的重要一步。他们将通过这样的体验培养出坚韧的品质和积极的心态，为未来的学习、工作和生活打下坚实的基础。无论是在运动领域还是其他领域，学生将理解到失败是成功的一部分，而持续努力和不断进步是取得成功的关键。因此，挫折与成功的体验是冬季奥林匹克运动课堂中的重要组成部分。

（二）从失败中学习

在沉浸式体验激发运动参与兴趣的过程中，冬季奥林匹克运动课堂为学生提供了从失败中学习的宝贵机会，从而推动自身的成长和发展。

在冬季奥林匹克运动课堂中，学生可能会因各种问题而导致失败。然而，失败并不意味着结束，而是一次重新开始的机会。学生可以从失败中反思并吸取教训，了解自己的不足之处，并明确下一步的改进目标。通过反思失败的原因，学生能够识别自己在技术、战术、心理或团队合作等方面的弱点。这种自我认知将帮助学生更好地了解自己的能力，为日后的改进和提高明确方向。从失败中学习，能够培养学生面对困难和挫折时不放弃的心态，同时积极寻找解决方案和改进方法。这种积极的心态和韧性将使学生在日后面临困难时保持乐观的态度。从失败中学习还能够培养学生的自主学习能力。通过分析失败的原因和影响，学生能够找到更适合自己的学习方法。他们会思考如何更有效地掌握技能、改进策略或寻求帮助。这样的自主学习过程不仅提升了他们在运动中的表现，也为他们日后的学习和发展奠定了坚实的基础。

（三）培养恒心

学生在参与冬季奥林匹克运动课堂的过程中，可能会面临技术上的难题、激烈的竞争以及身体上的疲劳等困难。通过克服这些困难，学生会真正感受到坚持不懈的重要性，并培养出不屈不挠的精神。

不可否认，培养恒心的过程并不容易，它需要学生具备积极的心态和自我激励的能力。面对困难和挫折时，学生需要有足够的决心和毅力去克服。培养恒心的过程还需要学生具备自我调节的能力。学生需要学会控制自己的情绪，保持积极的心态。当遭遇挫折时，学生可以寻求教练和队友的指导与支持，从而继续坚持下去。通过在冬季奥林匹克运动课堂中培养恒心，学生将不仅在运动中受益，而且在日常生活和学习中能够展现出坚持不懈的品质，更加坚定地面对各种挑战，勇敢地追求自己的目标。

（四）体验成功的喜悦

在克服了一次次的挫折之后，当成功来临时，学生会从内心深处感受到喜悦和成就感。这种喜悦和成就感能够激励他们在未来的学习和生活中持续努力。成功是通过努力和坚持克服困难而取得的成果。在冬季奥林匹克运动课堂中，学生会经历长时间的训练和艰苦的比赛，付出大量的汗水和努力。但当他们克服了自己的局限，取得优异的成绩时，内心涌现出的喜悦是无法言喻的。成功的喜悦是一种积极的情绪体验，能够激发学生对运动的热爱和参与的兴趣。学生会意识到自己的努力和付出没有白费，他们的坚持得到了回报，这会激励他们在未来的学习和生活中继续努力追求更高的目标。体验成功的喜悦也能增强学生的自信心。当在冬季奥林匹克运动中取得成功时，学生会对自己的能力和技巧有更深刻的认知，从而增强自信。自信不仅在运动中发挥作用，也对学习和日常生活产生积极影响，促使他们更加勇敢地面对新的挑战。

（五）提升问题解决能力

在沉浸式体验激发运动参与兴趣的过程中，冬季奥林匹克运动课堂为学生提供了提升问题解决能力的宝贵机会。面对挫折和失败，学生需要深入分析原因，并积极寻求解决方案。这种经历将帮助学生提升问题解决能力，并对他们未来的学习和生活产生重要影响。

面对挫折和失败，学生需要发展批判性思维和问题解决能力；需要分析和评估自己的表现，寻找失败的原因和背后的因素。通过深入思考和分析，学生能够找出问题的症结，并制定相应的解决方案。在冬季奥林匹克运动课堂中，学生可以通过与教练和队友的交流寻找解决问题的方法。解决问题的过程，能培养学生的创新思维。这种创新思维不仅对学生解决体育方面的问题发挥作用，还能帮助学生解决学习和生活中的难题。因此，提升问题解决能力对学生生活的方方面面均有重要作用。

第二节 锤炼与成长中促进能力的提升

一、学生运动技能的提升

（一）基础体能的锻炼

在冬季奥林匹克运动课堂中，学生将经历基础体能的锻炼，这对他们运动技能的提升至关重要。参与冬季奥林匹克运动能够有效提升学生的力量、耐力、速度、灵敏性等，这些都是进行各种运动的基础要素。

为了更好地应对运动挑战，学生先要培养足够的力量。冰雪项目，需要学生具备稳定的核心肌群，以保持平衡和稳定。通过持续的训练，学生的肌肉力量得到显著提升，能够更好地完成标准动作。冬季奥林匹克运动还要求学生具备出色的耐力。长时间的滑雪、滑冰训练需要学生提高心肺功能，以更好地适应长时间的运动，并在比赛中保持高水平的竞技能力。在这一过程中，学生还需要提高速度和灵敏性，以应对较快的运动节奏。在滑雪和滑冰项目中，学生需要快速反应并准确执行各种技术动作。通过专业指导和反复练习，学生的神经系统和肌肉协调能力得到提高，他们能够更快速、更灵敏地执行各项动作，提高运动速度和反应能力。通过这些基础体能的锻炼，学生的运动技能得到显著提升。这种提升不仅体现在运动课堂上，也会渗透到他们的日常生活中，使他们更健康，更充满活力。通过锤炼与成长，学生能够在冬季奥林匹克运动课堂中提升各方面的能力，为自己的未来发展奠定坚实的基础。

（二）技术技能的提升

在冬季奥林匹克运动课堂中，学生将经历技术技能的提升，这对他们运动能力的进一步发展至关重要。每一项冬季奥林匹克运动都有其独特的技术要求和技能要领，如滑雪中的刹车技巧、冰球中的射门技巧、滑冰中的转弯技巧等。学生只有通过不断学习和训练，才能不断提升自己的技术水平。

在滑雪项目中，学生需要掌握正确的刹车技巧。刹车技巧的熟练运用可以帮助学生在高速滑行时保持稳定，并平稳地停下来。通过反复练习，学生逐渐掌握正确的刹车姿势和技巧，能够安全、准确地控制滑雪速度。在冰球项目中，学生需要掌握射门技巧。射门是在冰球比赛中得分的关键动作之一。通过专业教练的指导和自己的不断练习，学生学会正确的射门姿势和技巧，提高了射门的准确性和力量，增强了球队在比赛中的攻击能力。在滑冰项目中，学生需要掌握灵活的转弯技巧。转弯是滑冰中的重要部分，能够帮助学生在高速滑行时保持平衡和控制方向。通过反复练习，学生逐渐掌握正确的转弯姿势和技巧，能够更灵活地在冰面上转向。通过学习和训练，学生的技术技能得到显著提升。为他们未来参与更高水平的运动竞技打下了坚实基础。

（三）协调性的提升

冬季奥林匹克运动要求学生具备良好的身体协调性，包括在滑雪运动中保持平衡、在滑冰运动中学习转弯技巧、在冰球运动中调整身体姿势等。

在滑雪运动中，学生需要学会保持身体平衡。滑雪是一项对身体协调性要求较高的运动，需要学生在高速滑行时保持平衡，稳定控制身体姿势。通过反复练习，学生逐渐掌握正确的身体姿势和重心控制，提高了在滑雪过程中的平衡能力。

在滑冰运动中，学生需要掌握转弯技巧。转弯是滑冰运动中必不可少的动作，需要学生通过合理的身体协调和控制，实现流畅的转弯。通过不断练习，学生逐渐掌握正确的滑冰姿势、身体重心的调整技巧以及转弯的技巧，提高了在滑冰过程中的协调性。

在冰球运动中，学生需要具备良好的协调性和身体控制能力，以迅速应对比赛中的各种变化。通过不断训练和比赛，学生的协调性得到不断提升，能够更加灵活地调整身体姿势和运动轨迹，为球队的进攻和防守做出更准确的动作。

通过学习和训练，学生的协调性得到显著提升。他们不仅能够更加稳定地控制自己的身体，同时提高了运动技能和竞技水平。通过锤炼与成长，学生的协调性得到不断提升，为他们未来参与更高水平的运动竞技和面对各种挑战打下了坚实基础。

（四）安全意识的增强

在锤炼与成长的过程中，冬季奥林匹克运动课堂为学生提供了一个增强安全意识的重要平台。由于冰雪环境的特殊性，安全问题成为学生参与冬季奥林匹克运动的重要考虑因素。通过参与冬季奥林匹克运动，学生能够养成良好的安全习惯，增强安全防护意识，这对他们的日后生活具有重要的帮助。

首先，冬季奥林匹克运动课堂高度注重安全教育。教师会向学生传授相关的安全知识，包括运动前要热身、正确使用运动装备、遵守运动场地规则等。由此，学生会了解到运动中的潜在危险，并学会如何预防和应对可能出现的意外情况。通过系统的安全教育，学生能够增强对自身安全的重视，培养出良好的运动习惯。其次，冬季奥林匹克运动课堂强调团队合作和互助精神。学生在运动中会意识到安全不仅仅是个人的责任，更是团队需要共同关注的问题。他们会学会与队友相互照应、关心和帮助，在面对危险时共同保障彼此的安全。最后，冬季奥林匹克运动课堂强调风险评估和决策能力。学生应学会合理评估风险，判断自己的能力和条件是否适合参与某项运动，以及是否需要采取额外的安全措施。学生还应学会在面对不确定情况时如何做出明智的决策，避免潜在的危险。这种风险评估和决策能力的培养将使学生在面对各种挑战和抉择时更加理性和谨慎。

二、学生决策能力的提升

（一）应对压力的能力

冬季奥林匹克运动课堂为学生提供了一个充满挑战和竞争的环境，学生需要在高速运动和紧张竞赛的情况下做出决策。这种经历不仅能够提高学生的运动技能，更重要的是能锻炼学生在压力下的决策能力和心理承受能力。

在冬季奥林匹克运动中，学生经常面临来自各个方面的压力，如时间压力、竞争压力和外界期望压力等。学生需要在短暂的时间内做出准确的决策，并承受可能的失败和挫折。这要求学生在压力下保持冷静，并学会权衡利弊，快速做出决策。掌握应对压力的能力是冬季奥林匹克运动课堂中的一个重要方面。通过在课堂中的模拟训练和实际比赛中的实践，学生会逐渐适应并掌握在紧张环境下应对压力的技巧。例如，学会调整自己的心态，同时清晰地分析形势，从而做出正确的决策。在这个过程中，学生逐渐培养了坚忍的意志和应对挑战的能力。他们不会因一次失败而放弃，而是从中吸取教训，不断改进和调整策略。他们明白压力是成长的机会，通过克服挑战和适应压力，他们的决策能力得到实质性的提升。这对学生的个人成长和未来的人际关系都具有积极的影响。

（二）灵活应变的能力

冬季奥林匹克运动需要在冰雪环境中完成。这种环境的复杂性要求学生根据实时的变化做出决策，并相应地调整策略。通过这样的锤炼，学生的灵活应变能力得到提升。

冰雪环境常常是多变且具有挑战性的。学生需要根据不同的场地、天气和地形等因素，灵活选择最佳的路线和策略，以达到更好的运动效果。学生需要快速分析和判断当前情况，并在瞬息万变的环境中迅速做出准确的决策。这种灵活应变能力培养了学生的机智和敏捷性，使他们能够更好地应对各种挑战和突发情况。在冬季奥林匹克运动课堂中，学生需要进行各种训练和比赛，这需要他们适应不同的比赛环境。在这个过程中，他们学会了适应和利用环境的技巧，灵活调整自己的行动。这种灵活应变的能力使学生能够更好地应对挑战和变化，提高他们的运动表现和竞争力。具体而言，面对复杂的冰雪环境，学生需要快速分析问题，制订解决方案，并迅速行动。灵活应变能力不仅适用于冬季奥林匹克运动，也会在学生的日常生活和学习中发挥重要作用。

（三）预判和策略制定的能力

冬季奥林匹克运动课堂为学生提供了一个重要的平台，学生需要在比赛中根据对手和自身情况预判未来的运动态势，并制定相应的策略。这种锻炼有助于提高学生的预判和策略制定能力。

在冬季奥林匹克运动中，学生不仅需要关注当前的情况，还需要通过观察和分析预判未来的发展趋势。他们需要了解对手的特点和策略，以及自己的实力，从而做出合理的预判。通过这样的预判，他们能够提前做出调整和应对措施，使自己更好地应对变化。同时，学生需要制定相应的策略来应对不同的情况和挑战。他们需要考虑自己的实际情况和目标，评估不同策略的优劣，并选择最适合的策略以达到最佳效果。这种策略制定能力不仅在冬季奥林匹克运动中起作用，也会在学生的日常生活和学习中发挥重要作用。

预判和策略制定的能力是冬季奥林匹克运动课堂中的关键要素。学生通过不断训练，逐渐培养出较强的观察力和分析能力，能够从细微的变化中捕捉关键信息，预测未来的动向。学生学会从多个角度思考问题，权衡利弊，从而制定出全面、合理的策略。这种预判和策略制定能力有利于培养学生的战略性思维和全局意识。无论是面对竞争还是迎接挑战，学生都能更加从容地做出决策，并为自己的目标和发展制订有效的行动计划。

（四）快速思考和问题解决的能力

冬季奥林匹克运动课堂提供了一个需要快速处理复杂信息和迅速做出反应的环境。学生参与这类运动可以锻炼快速思考和问题解决的能力，这对他们的成长和发展具有重要意义。

在参与冬季奥林匹克运动的过程中，学生需要在高速运动和激烈竞争的环境中快速做出准确的决策。这要求学生具备快速思考和问题解决的能力，从而在瞬息万变的情况下迅速分析和判断情况，迅速应对各种问题和挑战，并做出明智的决策。通过参与冬季奥林匹克运动，学生逐渐培养了迅速获取信息，快速分析形势和数据，并基于这些信息做出决策的能力。他们并不是凭直觉行事，而是通过快速思考找到最佳的解决方案。在快速思考和问题解决能力的培养过程中，学生的灵活性和创造性也能得到增强。学生需要在有限的时间内找到创新的解决方案，应对复杂和不确定的情况。这要求他们具备开放的思维，勇于尝试新的方法和策略，不断寻找新的解决途径。通过这种锤炼，学生能够培养出独立思考和创造性解决问题的能力。这种能力能够使学生在各种情况下保持冷静，不受困难和压力的束缚。他们能够更好地应对学业上的复杂问题和挑战，也能够在职场和社交环境中表现出色。

三、学生抗压能力的提升

（一）面对挑战的勇气

参与冬季奥林匹克运动遇到的困难和挑战能够帮助学生提升面对挑战的勇气。通过不断尝试，学生将逐步学会接受失败，不再畏惧挑战。这对他们的成长和发展具有重要的意义。

冬季奥林匹克运动常常涉及各种困难和挑战，如在恶劣的天气条件下进行训练、克服身体的不适和不断尝试新的技术动作。在这个过程中，学生面临着失败的可能，需要克服困难并坚持下去。通过这种经历，学生逐渐培养了勇敢面对挑战的勇气。失败不是放弃的理由，而是继续努力和改进的动力。学生应学会从失败中吸取教训，并将其作为成长与进步的机会。通过冬季奥林匹克运动课堂的锤炼，学生逐渐建立了面对挑战的勇气，他们学会了在面对未知和不确定的情况时保持冷静和坚定。面对挑战的勇气不仅仅是个人的品质，也涉及团队合作和集体目标的实现。在冬季奥林匹克运动的团体项目中，学生需要相互支持和鼓励，共同面对挑战，克服困难。面对挑战的勇气不仅在运动中发挥作用，还会对学生的日常生活和学习产生积极的影响。

（二）冷静应对的能力

冬季奥林匹克运动课堂提供了一个竞技场，而情绪的稳定性往往决定比赛的走向。通过参与冬季奥林匹克运动，学生可以学习如何在压力下保持冷静，以有效应对各种情况。这种锤炼有助于提高学生的冷静应对能力，这对他们的成长和发展具有重要的意义。

在参与冬季奥林匹克运动的过程中，学生常常面临巨大的压力和竞争。在紧张的比赛中，情绪的波动和决策的不稳定会对参赛选手的表现产生负面影响。因此，学生需要学会保持冷静。保持冷静意味着在高压和紧张的情况下，学生能够控制自己的情绪，不被外界和压力左右，能够保持专注，从容地应对各种挑战。这种冷静应对的能力能够使学生在压力下保持清晰的思路和正确的决策，还能够使学生在紧张的比赛中调整自己的情绪，从而保持冷静和稳定。更重要的是，冬季奥林匹克运动课堂还提供了团队合作的机会。学生需要与队友共同协作，并在高压环境下保持默契的配合。这种团队合作中的冷静应对能力不仅对学生的个人成长有帮助，也对团队的成功具有重要影响。

（三）心理调适的能力

在冬季奥林匹克运动课堂中，学生常常面对挫折和失败。在这样的情况下，学生需要学会调整自己的心态，保持积极乐观的态度。这种心理调适的能力对学生的日常生活和未来的职业生涯都极为重要。

在参与冬季奥林匹克运动的过程中，学生不可避免地会遭遇挫折和失败。此时，学生需要学会调整自己的心态，从而更好地面对困难。心理调适意味着学生能够认识到挫折和失败是成长的机会，而不是他们放弃的理由。通过调整自己的心态，他们能够以积极的态度面对困难，不断追求进步和完善自己。在这个过程中，学生学会了处理压力和挫折的技巧，能够在面对困难时保持冷静和镇定，能够有效应对各种情绪，避免情绪化的决策和行为。心理调适能力对学生的学习和职业生涯都至关重要。在学业上，学生会面临考试和评估的压力；在职场上，他们会面对工作压力和竞争。学会调适心态，保持积极、乐观的态度，对学生的学业和职业发展至关重要。

（四）坚韧不拔的精神

冬季奥林匹克运动的训练过程既辛苦又具有挑战性。学生在训练的过程中，能够培养出坚韧不拔的精神，并增强抗压能力。

在参与冬季奥林匹克运动的过程中，学生需要付出大量的时间和精力进行训练。辛苦是训练过程中不可避免的，但这也有利于锻炼学生坚韧不拔的品质。无论是面对身体的疲劳、技术动作的高难度，还是竞争的激烈，他们都能坚持下去，并寻找突破的方法。坚韧不拔的精神是学生在冬季奥林匹克运动课堂中需要锤炼的重要能力。通过不断面对困难和挑战，不断超越自我，学生逐渐形成不屈不挠、顽强拼搏的精神。这种精神有利于培养学生的抗压能力。面对压力和困难，学生不应被打倒，而是积极应对，寻找解决办法。坚韧不拔的精神能够帮助学生更好地应对各种挑战和压力，更好地实现自己的目标和梦想。

（五）团队协作下的抗压能力

在冬季奥林匹克运动的团体项目中，学生需要学会如何在压力下与他人协同工作。这既有助于提升他们的团队协作能力，也有助于增强他们的抗压能力。

在团体项目中，学生需要与队友紧密合作，共同制定战略和执行计划，共同应对挑战和压力。在团队中，每个队员的角色和任务都相互关联，团队的成功需要每个人的努力和配合。这要求学生具备良好的沟通能力和合作精神，以在高压环境中保持团队的稳定和凝聚力。团队协作对学生抗压能力的提升起到重要作用。在团体项目中，学生会经历竞争、合作、冲突和挑战，因此他们需要学会在压力下保持冷静，以处理团队内外的问题，并及时做出正确的决策。这要求学生具备灵活应变和快速解决问题的能力。通过参与团体项目，学生不仅能够提升个人的抗压能力，还能增强合作意识和团队精神。

四、学生领导能力的提升

（一）团队协调能力

冬季奥林匹克运动课堂为学生提供了锤炼领导能力的机会。在团体项目中，学生有机会扮演团队的领导角色。通过这一经历，学生能够学习如何在团队中进行有效的协调。这对他们在未来的工作中更好地管理团队具有重要意义。

这里的团队协调能力指学生领导团队时需具备的能力，包括组织、协调、沟通和决策等。作为团队的领导者，学生需要明确团队的目标和方向，并合理分配团队的资源，充分发挥团队成员的能力。学生需要建立有效的沟通渠道，促进团队内外的信息流动，以确保团队成员之间的理解和合作。学生在领导团队的过程中，需要协调团队成员之间的关系，解决团队内部的冲突和分歧；还需要与其他团队和相关利益方进行协调，确保团队的目标与整体利益一致。在协调的过程中，学生可能面临各种挑战和难题，他们需要学会分析问题、制订解决方案，且方案应在团队成员之间达成共识。这需要他们具备优秀的决策能力和判断力，能够在复杂的情况下做出明智的决策。通过这样的经历，学生能够逐步培养出优秀的团队协调能力。这对学生个人的成长和发展十分有益。

（二）沟通和谈判能力

在学生领导能力提升的过程中，沟通和谈判能力起着重要作用。作为团队的领导者，学生需要具备有效的沟通和谈判技巧，以便与团队成员进行良好的交流和合作。通过参与冬季奥林匹克运动，学生将有机会提升自己的沟通和谈判能力。

沟通是领导者与团队成员之间相互理解和交流的桥梁。学生需要学会倾听和表达，关注和尊重团队成员的意见，同时有效传达自己的意见和想法。良好的沟通，能够促进团队成员之间的信任关系，增进团队的凝聚力。在冬季奥林匹克运动的团体项目中，学生需要与队友紧密合作，共同制定战略和执行计划。在这个过程中，团队成员必须通过沟通明确目标、合理分工、解决问题和协调团队的行动。因此，学生需要学会倾听队友的意见和建议，保持开放的心态，并及时清除团队内外的沟通障碍。除了沟通能力，谈判能力也是领导者必备的技能之一。学生需要在团队中处理不同成员之间的冲突和分歧，以达成共识。因此，学生需要学会察言观色，妥善处理矛盾，并运用合适的谈判技巧，促进团队的和谐和目标的达成。面对团队成员之间的不同观点和利益冲突，学生需要保持冷静、客观和公正的态度，分析问题的根源，制订解决方案，并在谈判中寻求双赢的结果。无论是在工作中还是在日常生活中，良好的沟通和谈判能力都是成功的关键因素。因此，沟通和谈判能力的提升对学生现在和未来的发展都具有重要意义。

（三）决策能力

作为团队的领导者，学生需要具备清晰的思维和敏捷的反应能力，以在紧要关头做出明智的决策。在冬季奥林匹克运动的比赛过程中，学生需要根据实际情况做出关键性的决策，这可能涉及策略调整、战术变化、资源分配等。因此，学生需要快速分析形势、评估风险和利益，以做出正确的选择。这要求学生具备全面的知识储备和运动技能，并能在紧张的比赛环境中保持冷静、果断的态度。

通过冬季奥林匹克运动课堂的训练和比赛，学生将逐渐熟悉不同场景下的决策需求，以便在有限的时间内快速做出明智的选择。这有利于激发学生的创造力和创新思维，培养他们在压力下保持冷静思考和迅速行动的能力。在决策过程中，学生不仅需要考虑自身利益，还需要兼顾团队的利益。这需要学生学会权衡各种因素，理解不同利益相关者的观点，并做出符合整体目标的决策。无论是在职场上还是在日常生活中，良好的决策能力都是成功的关键要素。学生通过在冬季奥林匹克运动课堂中的积极训练，将逐渐掌握决策的艺术。这将使他们在未来的发展中更加自信，更加自如地应对各种挑战和变化。

（四）责任心

冬季奥林匹克运动课堂为学生提供了锻炼和提升领导能力的机会。作为领导者，学生需要展现出高度的责任心，承担起团队发展的重任。责任心是一种内在驱动力，能够使学生愿意为团队的目标负责并付诸行动。

领导者在冬季奥林匹克运动中的责任不仅包括对个人表现的责任，还包括对整个团队的责任。他们需要明确团队的目标，并以此为导向，确保团队成员朝着共同的目标努力。他们要确保每个团队成员都能发挥出最佳的水平，为团队的成功做出贡献。当团队面临困境时，不管是来自强大对手的竞争、团队内部的问题还是外部环境的挑战，领导者都需要展现出责任心，积极引导团队克服困难。他们需要表现出冷静和果断的态度，带领团队找到解决问题的办法，激发团队成员的信心和士气。责任心的培养需要从日常生活和训练中开始。学生需要时刻意识到自己的行为和决策对团队的影响，并为自己的行为负责；也需要积极参与团队活动，展现出对团队的关注和关心；还需要展现出对个人成长和学习的责任心，不断追求进步和提升。这有利于将他们培养成有责任心的领导者，并对他们未来的生活和职业具有积极作用。

（五）合作精神

冬季奥林匹克运动课堂为培养学生的合作精神提供了重要平台。在团体项目中，学生需要理解团队中每个成员的价值，鼓励他们发挥所长，共同完成团队目标。合作精神是领导能力中至关重要的一部分，它能带动团队成员间的互相支持和协作，从而取得更大的成就。

在冬季奥林匹克运动的团体项目中，学生将体验到合作的力量。合作不仅要求领导者具备良好的沟通能力，还需要他们具备处理团队内部冲突、凝聚团队向心力的能力。在团体项目中，通过与团队成员的紧密合作，学生将理解每个人在团队中的重要性，学会尊重不同的观点，鼓励团队成员充分展现自己的创造力和想法。在合作的过程中，学生将学习如何有效地分配资源，平衡各方利益。他们需要明确团队的共同目标，使每个团队成员都能够为实现这一目标而努力。通过团队的成功和失败，学生将懂得在团队中相互扶持、相互帮助的重要性，从而提升自己的合作精神和领导能力。

五、学生适应能力的提升

（一）环境适应能力

冬季奥林匹克运动课堂为学生提供了一个在冰雪环境中锻炼的机会。在这样的环境下，学生需要学习如何适应并克服各种挑战，这对提升他们的环境适应能力具有重要的意义。

冰雪环境要求学生适应低温环境、湿冷的气候以及可能出现的极端天气条件。因此，学生需要学习穿戴适合寒冷环境的衣物和装备，掌握防寒保暖的技巧，以保持身体的舒适和健康。为在冰雪环境中进行体育锻炼，学生需要学会控制身体平衡，保持稳定的动作。在冬季奥林匹克运动课堂中，学生还会面临来自竞争对手和比赛压力带来的挑战。他们需要适应紧张的比赛氛围，保持冷静和集中的心态，以应对比赛中出现的意外情况。通过冬季奥林匹克运动培养出的适应不同环境的能力，对学生的学业和生活具有重要积极作用。

（二）技能适应能力

冬季奥林匹克运动课堂为学生掌握多种技能提供了机会，这对学生技能适应能力的锤炼具有重要意义。

技能适应能力是指学生在面对新的技能要求时，能够快速学习和适应，并有效地运用所学技能。参与冬季奥林匹克运动的训练和比赛，学生将面临各种技能挑战，需要不断地完善和提升自己的技能。例如，在滑雪项目中，学生需要学习如何掌握平衡、刹车、转弯等基本技巧，通过不断练习，逐渐熟悉滑雪装备的使用，掌握正确的滑雪动作和姿势，以应对不同雪道和地形的挑战。在冰球项目中，学生需要学习如何运用冰球杆、如何与队友协同作战；需要掌握在冰上移动、传球、射门等技巧，并在比赛中灵活运用，以达到团队的战术目标。在雪车项目中，学生需要掌握驾驶雪车的技巧，包括操控、速度调整和转弯等；需要通过反复练习和实践，逐渐适应雪车的特殊操控方式，并在高速下保持平衡和稳定。通过学习和实践这些技能，学生不仅能够提高自己在特定项目中的表现，还能够培养自身的技能适应能力。

随着社会的不断发展，新的技能和技术不断涌现，学生需要具备快速学习和适应新技能的能力，以保持竞争力并适应不断变化的环境。学生通过冬季奥林匹克运动课堂培养的技能适应能力，将使他们在面对未知挑战时更加自信，快速适应并应对各种情况，从而为自己的成长和成功打下坚实的基础。

（三）心理适应能力

冬季奥林匹克运动课堂为学生提供了面对挑战和困难时锤炼心理适应能力的机会。参与冬季奥林匹克运动，学生会面临各种形式的挑战，如竞争压力、身体疲劳等，而如何调整心态，积极面对这些困难，对学生的心理适应能力提出了更高的要求。

心理适应能力是指个体在面对各种压力或逆境时，能够保持稳定的情绪状态，灵活应对并调整自己的心态。在竞技场上，比赛结果的不确定性常常导致学生面临巨大的压力。他们需要在紧张的比赛环境中保持冷静，集中注意力，并调动自己的积极情绪，以应对比赛中的各种变化和挑战。同时，当遭遇挫折或失败时，学生需要培养自我调节能力，从失败中汲取教训，激发自己的动力和信心。冬季奥林匹克运动课堂为学生提供了一个体验竞争和挑战的环境，从而使学生在锤炼中提高自己的心理适应能力。通过专业教练的指导和团队的支持，学生学会调整自己的思维模式，培养出坚韧、乐观和自信的心态。心理适应能力的提升对学生的成长和发展具有重要意义。它不仅可以帮助学生在冬季奥林匹克运动中取得更好的成绩，还能帮助学生更好地应对日常生活和发展中的各种挑战和压力，永远保持积极的心态，实现自己的目标。

（四）社交适应能力

冬季奥林匹克运动课堂为学生提供了一个积极的社交环境，这对提升他们的社交适应能力至关重要。在团队活动中，学生需要与不同的人进行沟通与交流，从而建立良好的人际关系。在冬季奥林匹克运动课堂中，学生将与来自不同地区和背景的队友一起训练和比赛。这意味着他们需要适应不同的人际关系和地区文化，学习如何与队友建立联系和协作。通过与队友的互动，学生能够了解彼此的差异，增进对彼此的理解和信任，进而形成紧密的团队关系。

社交适应能力是一种建立社交关系、维护自身发展、促进自我成长的社会能力。在团体项目中，学生还需要学会有效地沟通与协商，以达成共同目标。学生需要倾听别人的意见，同时有效地表达自己的意见，适时地提出建议和解决方案，以促进团队的发展和进步。通过这样的互动，学生不仅能够提升自己的社交适应能力，还能培养出良好的领导和团队合作能力。冬季奥林匹克运动课堂提供了丰富的社交场景，在这些社交场景中，学生有机会结识来自不同学校和地区的学生，与他们进行交流和竞争，从而拓宽他们的社交网络。通过与队友、教练和其他学生的互动，学生将学会理解和尊重他人，培养出包容、合作的精神。这种社交适应能力的提升将对学生的个人发展和未来的职业生涯产生积极的影响。

（五）竞争适应能力

冬季奥林匹克运动课堂为学生提供了一个锤炼竞争适应能力的舞台。参与冬季奥林匹克运动的学生需要在竞赛中学习如何调整策略，如何面对胜利和失败，从而提升他们在竞争中的适应能力。

竞争适应能力是指在激烈的竞争环境中，个体能够保持冷静、稳定，有效地应对各种竞争情况的能力。冬季奥林匹克运动项目具有竞争性，学生在比赛中需要与其他选手竞争，争夺胜利的荣誉。在这个过程中，学生需要学会调整自己的心态，并保持专注，以应对竞争带来的各种挑战和压力。在竞技场上，胜利和失败都是常态。面对胜利，学生需要保持谦逊的态度，不骄不躁；面对失败，学生需要从中吸取教训，勇敢面对，并重新调整自己的策略和目标。通过这样的经历，学生能够逐渐培养出良好的竞争适应能力，不断提升自己的实力和心理素质。在冬季奥林匹克运动课堂中，学生不仅需要面对个人竞争，还需要参与团队比赛。团队比赛的特点是需要成员之间相互协作，互相支持和鼓励。在团队比赛中，学生需要与队友共同制定策略，为团队的胜利而努力。通过这样的团队竞争，学生能够进一步培养团队意识和合作精神，提高他们的竞争适应能力。

第三节 寓教于乐过程推动学生个性的培养

一、学生个性的挖掘

（一）根据喜好选择

冬季奥林匹克运动课堂为学生的个性培养提供了良好的平台。其中，喜好选择是一个重要的方面。冬季奥林匹克运动涵盖众多不同的项目，学生可以根据自己的喜好进行选择，从而找到与自己个性相契合的活动，进而挖掘和发展自己的特长和潜能。

在冬季奥林匹克运动课堂中，滑雪、冰壶、雪车等每个项目都有其独特的魅力和特点。学生可以根据自己的喜好选择参与其中的项目。有些学生可能对充满速度与激情的滑雪项目更感兴趣，有些学生可能更喜欢冰壶这样需要精准技巧和团队合作的项目。根据喜好选择不仅关乎个人兴趣的发掘，更关乎学生的个性表达。例如，有些学生在滑雪项目中展现了他们勇于冒险的一面，有些学生则在冰壶比赛中展现了他们的团队合作精神和战略思维能力。根据喜好选择，学生能够真正做到在运动中找到乐趣，展现个性，成就自己。冬季奥林匹克运动课堂的多元化和寓教于乐的特点，为学生个性的挖掘提供了广阔的舞台。学生能够根据自己的喜好选择运动项目，发掘和展现自己的独特魅力。这种个性的挖掘和培养有助于学生培养积极乐观、勇于探索、团队协作和创新思维等多种个性特质，为他们的全面发展奠定坚实的基础。

（二）才能发掘

冬季奥林匹克运动课堂能够积极推动学生个性的培养。其中，才能发掘是一个重要的方面。通过参与不同的冬季奥林匹克运动项目，学生有可能发现自己在某一方面具备独特的才能。这些才能不仅是他们个性的一部分，更是他们在特定领域中脱颖而出的机会。

在冬季奥林匹克运动课堂中，学生能够接触多种冰雪项目，而每个项目都有其独特的技巧和要求。通过积极参与，学生将逐渐发现自己在某个项目中具备的突出才能。例如，有些学生展现出出色的滑雪技巧，他们在陡峭的坡面上如鱼得水，毫不费力地驰骋于雪地之上；有些学生在冰壶比赛中展现出优秀的配合意识，能够准确判断角度，以精准的投掷技巧帮助团队取得胜利。通过才能发掘，学生能够深入了解自己的兴趣爱好和潜能，进而培养和发展自己的专长。才能发掘不仅能发现学生在某个特定项目中的优势,更重要的是为学生提供了展示个性和才华的平台。才能发掘过程不仅有助于学生增强自信心,还能够激发他们的学习兴趣和动力,为他们的个性发展和成长提供坚实的支撑。

(三) 个性表达

冬季奥林匹克运动课堂能够积极推动学生个性的培养。其中,个性表达是一个重要的方面。在运动的过程中,学生有机会展示自己独特的风格和才能,这是他们个性的真实表达。

参与冬季奥林匹克运动的学生可以选择自己喜欢的项目,并在其中展现自己独特的个性。以滑雪为例,每个学生都有自己独特的滑行姿势、动作风格和技术特点。有些学生可能偏向于平稳、优雅的滑行方式,注重流畅的动作和精准的控制;有些学生更喜欢风驰电掣的速度和高难度的技巧,他们敢于冒险,注重激情四射的体验。同样,在团体项目中,学生也有机会展现出自己独特的个性和才能。他们可以通过制定进攻策略、展示配合默契和团队精神,将个人的风格与团队协作相结合。有些学生善于在进攻时抓住时机,冲击对手的防线,展示出果断和敏锐的个性;有些学生更注重团队合作和配合,善于传球和组织进攻,展现出默契和协作的个性特点。这样的个性表达不仅让学生展现了自己的实力和风采,同时加强了团队的凝聚力和合作精神。冬季奥林匹克运动课堂提供了丰富多样的运动项目和机会,学生有机会在运动中展示自己的个性。通过选择喜欢的项目、发挥自己的特点和风格,学生能够真实地表达自己,展现出个性魅力。这不仅是对学生个性的挖掘和培养,也是对学生独特才能的发掘和发展。个性表达不仅是自我展示的机会,更是学生增强自信和自我认同感的重要途径。

(四) 自信提升

冬季奥林匹克运动课堂能够积极推动学生个性的培养。在这个过程中，自信提升是一个关键的方面。通过参与冬季奥林匹克运动项目，学生有机会展现自己的个性和特点，获得他人的认可和赞赏，从而提升自己的自信心。

在参与冬季奥林匹克运动的过程中，学生可以通过自己喜欢的运动项目展示自己的风采和实力。例如，学生可以在滑雪项目中展现优雅、稳定的滑行姿态，或者在冰壶项目中展现出色的团队协作能力。这些个性的展示和成功的体验会让学生更加自信。在自信提升的过程中，他人的认可和赞赏起到了重要作用。在冬季奥林匹克运动课堂中，学生会与教练和队友进行交流与合作，同时教练和队友会对他们的表现给予反馈。这种反馈能够使学生更好地认识自己，发现自己的闪光点和优势，从而进一步提升自信心。自信的学生，能够更好地应对挑战和困难，勇敢地追求自己的梦想和目标。自信的提升不仅对提高学生在运动领域的表现有重要作用，也对学生学习、生活等方面有积极影响。他们会更加勇敢地表达自己的意见和想法，敢于接受新的挑战和机遇，从而为他们的未来发展打下坚实的基础。

（五）自我认知

在冬季奥林匹克运动课堂中，学生有机会深入挖掘和发展自己的个性。在这个过程中，自我认知扮演着重要的角色，能够帮助学生了解自己在什么环境下发挥得更好，对什么事情更有热情，从而更好地塑造自己的个性。

通过参与不同的冬季奥林匹克运动项目，学生能够发现自己更感兴趣、与自己的个性特点更契合的运动项目，从而更深入地了解自己的兴趣和潜能，更好地挖掘和发展自己的个性。除了运动项目，冬季奥林匹克运动课堂还提供了丰富多样的学习和交流机会。学生将与不同的教练、队友和参与者进行互动。通过互动，学生可以了解自己在团队中的表现，发现自己在合作和沟通方面的优势与不足。这样的自我认知过程能够帮助学生更加清晰地了解自己的个性特点,有针对性地加强自己的优势,改进自己的不足,以更好地表现自己。这也说明自我认知对学生个性的培养和发展具有重要的意义。通过了解自己的兴趣、优势和不足,学生能够更加明确自己的目标和方向。这不仅有助于学生在冬季奥林匹克运动中取得更好的成绩,还能为他们未来的学习和职业发展奠定坚实的基础。

二、学生自我表达的培养

(一)技能展示

冬季奥林匹克运动课堂为学生提供了展示自我的机会。技能展示不仅是学生自我表达的方式,也是学生展示才能的机会。

在参与冬季奥林匹克运动的过程中,学生通过持续训练,逐渐掌握了特定项目的技术要领和技巧;通过精确的动作和灵活的身体控制,逐渐提高了技能水平。例如,在滑雪项目中,学生可以展示出优雅的滑行姿态和高超的转弯技巧;在冰球比赛中,学生可以展示出准确的射门和默契的队内配合。这些技能展示不仅体现了学生在技术层面的成就,也是他们个性的一种表达方式。技能展示是向他人展示自己能力的机会。当学生通过技能展示取得好成绩时,他们会受到他人的认可和赞赏,这能进一步激发他们的自信心和自豪感。这种自我表达的机会不仅有助于学生增强自信心,还能够激发他们进一步探索自己潜力的动力。学生可以通过创新的技巧组合、独特的动作风格等,展现出与众不同的个人魅力。这种个性的展示不仅能丰富冬季奥林匹克运动课堂的多样性,还能为学生提供更广阔的发展空间。

(二)成就获得

冬季奥林匹克运动课堂不仅能推动学生的个性培养,还能激发他们获得成就的欲望。

在参与冬季奥林匹克运动的过程中,当学生通过艰辛的训练,克服重重困难,在比赛中获得好成绩时,他们会感受到一种发自内心的成就感。这种成就感体验对学生的个性培养具有积极的影响。当学生在运动项目中取得成功时,他们不仅是完成了一项任务,更是展现了自己的才能和潜力。这种成功经历能够激发他们对自身能力的信心和对未来挑战的勇气。他们会更加积极主动地参与学习和生活,愿意尝试新的事物。而且,成就感的体验是学生自我表达的一种方式。自我表达不仅有助于学生展示自己的个性特点,还有助于增强他们的交流与沟通能力。

(三)情感释放

冬季奥林匹克运动课堂为学生提供了一种良好的情感释放方式。体育运动本身就是情感表达和宣泄的一种方式,在冬季奥林匹克运动中,学生有机会充分表达自己的喜怒哀乐,以及对胜利的渴望和对挑战的热情。在冬季奥林匹克运动中,学生通过参与各种项目,可以充分释放自己的情感。例如,在滑雪比赛中,他们可以在雪地上尽情地滑行,感受风的呼啸和速度的激情;在雪车比赛中,他们可以挑战速度的极限,感受速度和重力的冲击。

在参与冬季奥林匹克运动的过程中,学生可以尽情释放自己的情感。当取得好成绩或者完成一个高难动作时,他们会感到无比的快乐和满足;当挑战失败时,他们会体验到沮丧和失落。这种情感的释放不仅是对内心真实感受的宣泄,也是对他人展示自己情感世界的方式。而且,学生可以借助情感的释放建立情感连接和共鸣。他们可以与队友一起庆祝胜利,分享喜悦的时刻;也可以相互鼓励,共同面对挑战和困难。这种情感的交流和共鸣不仅能够增强学生的团队合作精神,也能培养学生的情感智慧和社交能力。通过情感的释放,学生能够更好地认识和理解自己,同时能够更好地理解他人,培养同理心和尊重他人情感的能力。

（四）团队协作

在冬季奥林匹克运动的团体项目中，学生需要通过语言和行为表达自己的想法和感受，而与队友密切合作，共同追求胜利，是他们个性表达的一部分。

在团体项目的比赛中，学生需要相互配合、互相支持，共同制定战术和策略，以达到最佳的团队表现。通过与队友的紧密合作，学生能够充分表达自己的想法和意见，发挥自己的特长。团队协作不仅包括语言交流还包括行为的默契配合。在冰球比赛中，学生需要通过默契的传球和战术配合，展现出团队的凝聚力和协作能力。在冰壶项目中，学生需要共同制定投掷的策略，通过团队合作实现战术目标。这种团队协作的实践不仅提升了学生的技术水平，还增强了他们的团队合作精神和沟通能力。团队协作还给学生提供了表达自己想法和意见的机会。在团队中，每个人都有机会发表自己的观点，分享自己的想法。学生可以通过积极参与讨论提出自己的建议和策略，这有利于增强他们的自信心和表达能力。通过团队协作，学生能够更好地理解和尊重他人，学会倾听和接受不同意见，学会尊重他人的贡献和价值。在团队协作的过程中，学生相互支持、相互鼓励，不仅能提升人际交往能力，还能形成开放、包容的心态。

（五）角色扮演

冬季奥林匹克运动课堂为学生提供了角色扮演的机会。在参与冬季奥林匹克运动的过程中，学生可能需要扮演不同的角色，如领导者、执行者等，这不仅是他们自我表达的一种方式，也有助于他们理解和接受自己的个性。

角色扮演是一种情景模拟活动，通过体验特定的角色，个体可以更好地展现自己的个性特点。当学生需要扮演团队的领导者角色时，他们需要发挥领导才能，制定战略和战术，引导团队朝着共同目标努力。在这个过程中，学生不仅可以展现自己的组织和决策能力，还可以锻炼自己的沟通和协调能力。除了领导者角色，学生还可能扮演执行者的角色，需要根据领导者的指示，积极参与团队的活动和训练。在这个过程中，学生可以发挥自己的实际操作能力，展现自己的执行力和团队合作精神。通过不同角色的扮演，学生能够更全面地了解自己的个性特点，挖掘自己不同方面的潜力。角色扮演还能够培养学生的理解和接纳能力。通过扮演不同角色，学生能够更好地理解和感受其他人的角度和立场，从而增强自身的同理心。学生可以通过其他角色的经历或观点，丰富自己的人格，提升自己的社交能力。在角色扮演的过程中，学生能够培养自己的自信心和表达能力。通过扮演不同角色，学生有机会展示自己的才能和特长，表达自己的观点和意见。这种表达和展示不仅能够提高他们的自信心，也有助于培养他们的沟通和表达能力。

三、学生创新精神的培养

（一）策略思考

冬季奥林匹克运动课堂鼓励学生进行策略思考，这是培养学生创新精神的重要途径。在比赛中，选择最优策略是必不可少的。无论是在滑雪项目中选择最佳的滑行路径，还是在冰球比赛中寻找最有效的进攻方法，学生都需要运用自己的智慧和创新精神。

策略思考是一种高级的思维活动，需要学生运用逻辑分析能力，考虑各种因素，最终做出明智决策。在参与冬季奥林匹克运动的过程中，学生需要考虑自身的实力，同时分析对手的弱点和优势，从而制定出适合自己的策略。在这个过程中，学生需要不断思考和调整，以期达到最佳的比赛效果。策略思考的过程鼓励学生勇于尝试新的方法和创意。冬季奥林匹克运动课堂提供了一个安全的环境，让学生有机会发挥想象力，挑战传统观念，提出不同的思路和方案。策略思考还鼓励学生充分发挥团队合作能力。在团体项目中，团队的配合和协作至关重要。学生需要共同讨论，制定出整体的战略，并在比赛中相互支持和配合。这种团队合作不仅可以提高学生的竞技水平，还可以培养他们的沟通和协调能力。在策略思考的过程中，学生将学会正确面对挑战和失败。所有的策略都不能确保结果的成功，因此在思考策略的过程中需要做好应对失败的准备。然而，失败并不是终点，而是一次新机会的开始。通过分析失败的原因，学生可以调整策略，不断提升自己的能力，最终取得成功。

（二）创新实践

在比赛中，学生有机会尝试自己的新想法和新方法，这种尝试是他们创新能力的重要体现。创新实践涉及学生主动提出并实践新的观念、方法和解决方案。他们可以尝试不同的滑雪姿势、改进冰壶投掷的方式或者设计新的冰车操控技巧等。这种创新实践不仅能够提高他们的技能水平，还能够培养他们的创造思维和问题解决能力。

创新实践还能够鼓励学生积极思考并改进现有的方法和规则。学生可以思考如何通过创新提高滑雪的速度和稳定性，或者如何优化冰球比赛的战术和策略。创新实践也能培养学生的实践能力和团队合作精神。在参与冬季奥林匹克运动的过程中，学生不仅需要独立思考和实践，还需要与团队成员密切合作。他们可以在团队中分享自己的创新想法，与队友开展讨论和合作，共同探索和实践新的方法和技巧。创新实践还能鼓励学生积极面对挑战和失败。当在尝试新的想法和方法的过程中遇到困难和挫折时，学生应从失败中吸取教训，不断调整和改进自己的创新实践，最终取得成功。

第四章　冬季奥林匹克运动课堂多元价值的呈现

(三) 直面并应对

挑战性是冬季奥林匹克运动的特点之一，每一项运动都涉及特定的技巧和难度，需要学生勇敢尝试。直面并应对挑战的过程有助于培养学生的创新精神。

在冬季奥林匹克运动课堂中，学生会遇到各种挑战，这些挑战既是对学生技能的考验，也是对他们意志力和勇气的挑战。学生需要积极面对这些挑战，勇敢尝试新的技术和策略。通过不断尝试和探索，学生可以超越自我，克服困难，从而培养出坚韧不拔的毅力。应对挑战的过程能够激发学生的创新精神。面对各种挑战，学生需要运用创造性思维，寻找新的方法和策略。这种创新精神的发展使学生在解决问题和应对挑战时更加灵活和富有创意。挑战的过程能够增强学生的自信心和自尊心。当成功克服困难时，学生会感受到巨大的成就感。这种成就感能够增强学生的自信心、自尊和自我认同感，他们意识到自己具备克服困难和取得成功的能力，从而能够更加积极地迎接未来的挑战。应对挑战的过程能够培养学生的团队合作和协调能力。在参与冬季奥林匹克运动的过程中，学生需要与队友合作、相互支持和配合，发挥各自的优势，协调行动，最终完成任务。通过这种团队合作的实践，学生不仅能够加强沟通和协作能力，还能够培养出包容性和领导力。在应对挑战的过程中，学生还可能遭遇失败和挫折。这时，他们需要学会从失败中汲取教训，并找到改进的方法。冬季奥林匹克运动课堂提供了一个让学生在失败中学习和成长的安全环境。在这里，学生明白了失败并不代表终结，而是一个继续努力和改进的开始。

(四) 团队创新

团队创新在冬季奥林匹克运动课堂中起到重要的推动作用。学生通过与队友的交流、协作，可以共同创造和提出新的战术策略；还可以通过尝试不同的战术安排、配合方式和进攻策略，寻找最佳的团队组合和策略方案。这种团队创新不仅能培养学生的创造力，还能提高整个团队的竞争力。

在团队创新的过程中，学生需要相互协作和理解，共同解决问题和面对挑战。学生需要积极参与讨论、倾听他人的意见和建议，并与团队成员共同制定目标和计划。团队创新的成功需要每个成员充分发挥自己的优势和才能，为团队的共同目标贡献自己的力量。团队创新能够培养学生的领导潜能和沟通能力。在团队运动中，学生有机会担任领导角色，此时，他们需要通过有效的沟通和指导，激发队员的潜力。团队创新还能够促进学生的学习和成长。通过与队友的合作，学生能够相互学习和借鉴，从团队其他成员那里获得启发，开阔视野，不断提高自己的技能水平。

（五）教练引导

在冬季奥林匹克运动课堂中，教练扮演着关键的角色，对学生创新精神的培养起着重要的引导作用。教练的引导作用体现在以下三方面：

一是教练鼓励学生敢于尝试。教练在训练和比赛中向学生传递积极的态度和信念，鼓励学生跳出舒适区，尝试新的技巧、战术和策略。二是教练为学生提供必要的指导和支持。他们了解学生的个性、能力和潜力，并根据学生的特点给予相应的指导。教练会为学生提供技术上的指导，帮助他们掌握基本技能，并指导他们挑战更高难度的任务。同时，教练会给予学生情感上的支持，鼓励学生坚持奋斗，面对困难和挫折时，以积极的心态去迎接。三是教练能够帮助学生将创新思维转化为实际行动。教练会引导学生进行系统思考，培养他们的问题解决能力和判断力。教练鼓励学生提出自己的想法和观点，同时引导学生思考实际可行的解决方案。教练会为学生提供学习资源和实践机会，让他们能够将自己的创新思维付诸实践，不断完善和发展自己的创新能力。在这一过程中，教练对学生创新精神的培养会产生深远的影响。教练通过激发学生的好奇心和探索欲望，鼓励他们思考问题，寻找解决方案，并引导他们在实践中不断改进和创新。教练的支持和指导能够使学生建立起自信心，培养独立思考能力和创造力，从而更好地发展个性和实现自我价值。

四、学生独立思考能力的提升

（一）即时决策

冬季奥林匹克运动要求学生具备独立思考和即时决策的能力，如滑雪运动员需要在瞬间决定最佳路线。

即时决策鼓励学生独立思考。面对复杂情境和不确定因素，学生需要依靠自己的思考和判断做决策。在决策的过程中，学生需要分析问题的原因，权衡选择，并预测可能的结果。此过程可以培养学生的分析能力、创造性思维和问题解决能力。

即时决策要求学生快速决断。比赛场上瞬息万变，学生须迅速决策并立即行动。这促使学生培养快速决断能力。还有一点需要高度重视，即即时决策能够增强学生的自信心。当学生依靠独立思考和快速决策取得良好结果时，能显著提升他们的自信心，增强他们面对挑战的勇气。

（二）自我评估

自我评估是学生对自己在训练和比赛中的表现进行客观分析的过程，它鼓励学生深入思考并从中获取有价值的反馈信息。

通过自我评估，学生可以审视自己的技能水平、战术运用和比赛策略，了解自己的优势和不足之处。这种反思过程能够激发学生对自身能力的思考，促使他们识别出自己在运动中的强项和需要改进的空间。同时，学生需要思考如何有效地利用自己的优势，提出改进计划来弥补不足之处。自我评估还培养了学生的自我管理能力。通过评估自己的表现，学生需要自主制订训练计划，设定目标，并监测自己的进展。学生还需要学会合理安排时间、合理配置资源，并对自己的学习和训练进行有效的组织和调整。自我评估的能力不仅在运动中有用，还能在学习和生活中发挥作用，使学生更加独立和自信。

（三）创新思考

变化性是冬季奥林匹克运动的特点之一。要想在竞争激烈的环境中脱颖而出，学生需要展现出独立思考和创新的能力。

创新思考在冬季奥林匹克运动中扮演着重要的角色。学生需要运用自己的智慧和想象力，制定出独特的策略和战术，或者发现新的技术和方法。学生需要思考如何在特定的比赛场景中找到突破口，以充分利用自己的优势。这种创新思考的过程不仅能提升学生的竞技水平，还能增强学生的问题解决能力。冬季奥林匹克运动课堂通过各种训练活动激发学生的创新思考能力。例如，在滑雪项目中，学生需要根据地形和雪质等因素调整滑行路线，找到最快的下坡方式；在冰壶项目中，学生需要分析冰面情况和对手的策略，制定出最佳的出手方案。这要求学生不仅要具备扎实的技术基础，还需要具备灵活运用知识和经验、创造性地解决问题的能力。创新思考不仅体现在技术和战术层面，还包括对自身能力和潜力的思考。学生需要不断挑战自己的极限，勇于尝试新的项目。学生还需要学会设定目标，制订计划，并通过不断努力和实践来实现自己的目标。这种创新思考的过程培养了学生的勇气、坚持和自信，有助于他们在冬季奥林匹克运动和其他领域取得更大的成就。

（四）解决问题

冬季奥林匹克运动课堂为学生提供了解决问题的机会，这有助于促进学生独立思考能力的提高和批判性思维的发展。在比赛中，学生可能会面临各种问题和挑战,如设备故障、不利的天气条件、强大的对手等。解决这些问题需要学生运用自己的智慧和创造力,寻找合适的解决方案;还需要学生学会分析问题的根源和关键因素,理解问题的本质和背后的逻辑,以及评估不同解决方案的优劣之处。因此,学生不仅需要具备扎实的知识基础,还需要灵活运用所学知识,善于提出关键问题和假设,并合理推断和判断。

在冬季奥林匹克运动课堂中,学生通过应对各种问题和挑战,培养了问题解决能力;学会了从多个角度审视和分析问题,以寻找最佳的解决途径;发展了创新思维,勇于尝试新的方法和策略,以应对复杂和未知的情况。这些优秀的品质将伴随学生一生,并为他们在不同领域取得成功奠定坚实的基础。

(五)接受挑战

冬季奥林匹克运动充满了挑战,学生需要勇敢地面对这些挑战,并通过独立思考找到应对挑战的方法。

接受挑战意味着学生要直面困难和不确定性,并积极寻找解决问题的途径。学生需要发挥自己的创造力和智慧,思考如何应对各种挑战。在这一过程中,学生需要尝试不同的方法和策略,分析问题的本质,评估可能的风险和收益。通过这样的思考过程,学生能够培养批判性思维和问题解决能力。接受挑战也是培养学生自信心的机会。面对挑战,学生需要相信自己的能力,勇敢地迎接挑战。在这个过程中,学生可能会经历失败和挫折,但通过从中吸取教训,不断调整和改进自己的方法,最终也能获得成功。这样的经历能够使学生更有信心应对未来的挑战。在冬季奥林匹克运动课堂中,学生锻炼了自己的独立思考能力,学会了面对困难时保持冷静和理智,懂得了在团队合作中发挥自己的独特价值。接受挑战不仅有助于学生在运动中获得成功,更能培养学生应对挑战的能力。这种能力将在学生的学习、工作和生活中起到重要作用。

第四节　榜样及积极态度塑造学生的行为习惯

一、奥运精神的传递

（一）运动员的影响

运动员是奥运精神的杰出代表，他们以自己的行为和态度深刻地影响着学生。他们展现出的坚韧不拔、公平竞争和尊重对手等品质，成为学生学习和追求的榜样。他们的精神激励着学生积极行动，努力提升自己。运动员的影响是多方面的。

其一，他们展现出的坚持不懈的精神给予了学生积极面对困难和应对挑战的勇气。其二，他们的公平竞争意识和尊重对手的行为为学生树立了正确的竞争观念。竞争不仅仅是争胜负，更重要的是遵守规则、尊重对手、恪守体育道德。其三，他们的经历也为学生树立了学习的榜样。运动员光鲜的背后是坚持不懈的努力和付出，这使学生认识到成功并非偶然，而是来自辛勤的付出和持续的努力。除了卓越的运动技能，运动员正直、诚实、助人为乐等品质更深深地影响着学生，激励学生追求更高的道德境界和积极向上的人生态度。

（二）教练和教师的影响

教练和教师作为冬季奥林匹克运动课堂中的重要角色，承担着将奥运精神传递给学生的责任。他们通过言传身教的方式，深刻地影响着学生的行为习惯。

教练和教师以身作则，展现出的专业素养和坚持不懈的精神，以及对学生的耐心和关爱，使学生受到了潜移默化的影响，由此逐渐形成积极向上、勇于拼搏的精神。教练和教师在传递奥运精神的过程中，注重培养学生的团队合作精神。他们鼓励学生相互协作、互相支持，以取得更好的成绩。教练和教师还通过对学生进行道德教育，引导学生树立正确的价值观和行为准则。更重要的是，教练和教师的影响不局限于训练场，还对学生的学习和日常生活产生重要影响。通过与学生的互动，他们能够及时了解学生的需求和困难，从而给予学生关心和支持。

（三）实践活动的体验

参与冬季奥林匹克运动是学生了解和体验奥运精神的重要途径。通过亲身参与，学生可以深刻体验到坚韧不拔、公平竞赛和团队合作的精神内涵。

在冬季奥林匹克运动课堂中，学生参与各种运动项目，不仅仅是运动训练，更是一次对奥运精神的实践体验。在训练过程中，学生面临着各种困难和挑战，这需要学生具备坚持不懈的精神，努力提升自己的能力，从而勇敢应对挑战。公平竞赛是体育运动的重要原则。学生需要学会尊重对手，遵守竞赛规则，不采取不正当手段谋取胜利。这种观念和行为习惯能够对学生在学校和社会中的行为举止产生积极影响。团队合作精神也是体育运动的重要因素。在团体项目中，学生需要与队友紧密配合、协同努力；还需要学会倾听和理解他人的意见，懂得团队合作的重要性。团队合作精神也将对学生的日常生活产生影响，促使他们更愿意与他人合作，共同追求更高的目标。

二、积极健康的生活方式

（一）健康行为的推广

冬季奥林匹克运动课堂是促进学生形成积极健康生活方式的重要途径。通过该课堂，学生能够认识到参与体育运动对保持身心健康与平衡的重要性。

在冬季奥林匹克运动课堂中，学生会感受到运动带来的快乐对身心健康的重要性。同时，学生会体会到运动的乐趣，认识到运动是一种积极的生活方式，不仅能够保持身体健康，还能够平衡身心发展。冬季奥林匹克运动课堂通过丰富多样的运动项目，激发学生对运动的兴趣和热爱。学生可以根据自己的兴趣和特长选择适合自己的项目。冬季奥林匹克运动课堂也重视健康行为的教育。学生会在课堂上学习到正确的运动姿势、安全的运动技巧。由此，学生会明白运动不仅需要激情和热情，还需要合理的规划和科学的指导。通过冬季奥林匹克运动课堂，学生能够建立起健康的生活方式，会更主动地参与各种体育运动，以保持身心健康。

（二）均衡饮食的意识

在冬季奥林匹克运动课堂中，教师会教授蛋白质、碳水化合物、脂肪、维生素和矿物质等不同营养物质对身体健康的不同影响，以及如何在日常饮食中保持这些营养物质的均衡摄入。

冬季奥林匹克运动课堂为学生深刻认识营养对运动的重要性提供了重要平台。学生通过日常的饮食和训练，会了解到合适的能量摄入和营养配比对增强体能、耐力和促进康复的重要性。教师还重视教导学生如何进行食物选择。学生会学习到如何根据自身的运动需求和身体状况，选择适合的食物，避免不健康的饮食习惯。学生还会学习到如何培养健康的饮食习惯，了解定时进餐、避免过度饮食、咀嚼充分、适量饮水等的重要性。通过掌握这些饮食原则，学生能够养成良好的饮食习惯，实现均衡饮食的目标。

（三）良好的生活习惯

冬季奥林匹克运动课堂致力培养学生良好的生活习惯，这对学生的健康成长具有深远的影响。良好的生活习惯主要表现在以下三方面：

一是规律的作息。充足的睡眠对身体和心理健康至关重要。在冬季奥林匹克运动课堂中，学生将学习如何调整作息时间、创造良好的睡眠环境等知识和技巧，从而培养规律的作息习惯，为自己的健康和学习奠定坚实的基础。二是合理的运动和休息。适度的运动有助于增强体质、提高免疫力和促进心理健康。在冬季奥林匹克运动课堂中，学生将学习如何选择适合自己的运动项目和合理安排运动时间，以避免过度劳累，保持身心健康。三是积极乐观的心态。乐观的态度和积极的情绪对应对挑战、解决问题和建立良好人际关系至关重要。在冬季奥林匹克运动课堂中，学生将学习面对困难时如何保持冷静、如何寻找解决方案。这种乐观的心态将激励学生在日常生活中持续努力，勇敢面对困难，并追求自身的成长和发展。

三、优秀品格的展示

（一）尊重与公正

冬季奥林匹克运动课堂提供了一个重要平台，学生可以在其中深刻体验体育比赛中的公平竞争，以及理解、尊重对手和裁判的重要性。这样的体验不仅影响学生对参与运动的态度，更影响他们的品格和行为习惯。

通过在冬季奥林匹克运动课堂的体验，学生理解了尊重的重要性，明白了每个人都应该被平等对待，无论其背景和能力如何。冬季奥林匹克运动课堂还注重培养学生的公正意识。公正是建立在诚实的基础上的，只有遵守规则和尊重他人的权益，才能实现公正和公平。因此，学生学会了以客观、公正的态度对待竞争中的胜负，学会了尊重规则和裁判的决定。通过这样的教育，学生逐渐形成了尊重与公正的品格。更重要的是，学生将这些品格融入日常生活，以诚实、公正和尊重的态度对待他人。

（二）坚韧不拔

冬季奥林匹克运动课堂为学生提供了面对各种挑战的机会，无论是技能学习还是体能训练，都有助于塑造学生坚韧不拔的品格。

在参与冬季奥林匹克运动的过程中，学生可能会遇到技术上的困难和挑战。因此，学生需要不断努力学习和练习，掌握复杂的技能、技巧。这个过程需要他们付出大量的时间和精力，并保持积极的态度。同时，冬季奥林匹克运动要求学生具备良好的体能。这需要学生经历艰苦的训练和长时间的比赛，不断增强体能；需要他们具备坚定的意志力，突破身体的极限，迎接挑战。

通过参与冬季奥林匹克运动课堂，学生懂得了坚持和努力的重要性，学会了在困难面前不退缩，勇敢面对困难并寻求解决方案。这种坚韧不拔的品质对学生克服学习、社交和生活中的各种困难，都能发挥积极作用。

（三）自律自控

冬季奥林匹克运动课堂要求学生在追求卓越的道路上展现出自律自控的品格。这要求学生遵守训练计划，按时参加训练，同时注意饮食及心理状态的调节。通过严格执行训练计划和规律生活，学生能够养成良好的自律自控习惯。

自律是指学生能够自己约束自己，坚持做正确的事情。在冬季奥林匹克运动课堂中，学生需要严格遵守训练时间和规则，保持专注和毅力，不受外界干扰。通过自律，学生能够更好地控制自己的行为，养成良好的学习和生活习惯。自控是指学生能够控制自己的情绪，做出明智的决策。在冬季奥林匹克运动课堂中，面对竞争和压力、失败和挫折，学生需要保持冷静和理性的态度，控制情绪，减少冲动，应对挑战。通过冬季奥林匹克运动课堂，学生体验到了控制自己的行为和情绪的重要性。这不仅对学生在冬季奥林匹克运动课堂中的表现具有重要作用，还将对他们的学业、事业及人际关系产生积极影响。

四、对持续努力的鼓励

（一）目标导向

冬季奥林匹克运动课堂鼓励学生设定明确的训练和比赛目标，并通过持续的努力实现这些目标。这种目标导向的行为习惯对学生的个人成长和未来的学习与职业生涯都具有深远的影响。参与冬季奥林匹克运动，学生需要明确自己的目标，无论是提高特定的技能水平、参加比赛并获得好成绩，还是突破个人极限，为此，学生需要制定相应的计划和策略。

目标导向的行为习惯不仅要求学生明确目标，还要求他们付出持续的努力来实现这些目标。学生需要克服困难和挫折，不断学习和提升自己的技能，不断挑战自己的极限。这种持续的努力和坚持对实现目标至关重要。在冬季奥林匹克运动课堂中，学生将学会制订可行的计划，设定具体、可衡量、可实现、有时限的目标，并通过自我反思和评估来调整自己的行动。通过冬季奥林匹克运动课堂，学生深刻理解了目标导向的重要性，明白了目标的作用和实现目标所需的努力。他们将这种目标导向的行为习惯融入日常生活，通过持续的努力追求自己的梦想和目标。

（二）努力适应变化

冬季奥林匹克运动课堂为学生提供了适应变化的宝贵机会。在参与运动的过程中，学生可能会面临各种变化，包括环境的变化、比赛条件的变化及对手实力的变化。这些变化要求学生学会调整策略以应对不同情况。学生需要学习如何在变化中保持冷静和镇定，不被突如其来的变化所影响；需要培养对变化保持开放的态度，将变化视为挑战和机遇而不是障碍。通过努力适应变化，学生能够锻炼自己的应变能力和问题解决能力。

在冬季奥林匹克运动课堂中，教练和教师通过模拟不同的比赛情境、提出变化性的训练要求等方式，帮助学生建立应对变化的信心和能力。适应变化需要学生灵活地调整自己的思维和行动方式，学会观察和分析变化，并及时做出相应的调整。适应变化的过程也是学生个人成长和发展的过程。通过面对变化和适应变化，学生能够跳出自己的舒适区，挑战自我，并不断提升自己的能力和水平，从而为将来的发展积累宝贵的资源。适应变化的能力不仅对学生在运动领域的表现有益，还对他们的日常生活和职业生涯具有重要意义。在现实生活中，变化是不可避免的，只有具备适应变化的能力，学生才能更好地应对挑战、解决问题，并取得成功。

（三）不断学习尊重他人

在冬季奥林匹克运动课堂中，尊重他人是非常重要的品质。学生应意识到，每个参与者都经历了辛苦的训练和付出，都值得被尊重。尊重他人不仅应在比赛中表现出来，更应是一种价值观的内化和实践。尊重是一种基本的人际交往规范，无论在什么场合，与任何人相处，都应该互相尊重。尊重他人意味着对他人的权利、感受和观点持开放的态度。学生将学会倾听他人的意见和建议，尊重他人的选择和决定。

在冬季奥林匹克运动课堂中，教练和教师可以通过各种方式，教导学生尊重他人。例如，他们可以通过模拟比赛和训练，培养学生尊重对手和队友的意识。尊重他人不仅是一种道德要求，也是一种对自己的尊重。通过尊重他人，学生能够建立起良好的人际关系，增强团队合作能力，并得到他人的认可和支持。学习尊重他人是一个长期的过程，需要不断实践。冬季奥林匹克运动课堂为学生提供了一个在实践中学习尊重他人的良好平台。学生可以通过观察和模仿优秀榜样的行为，逐渐养成尊重他人的习惯。这种尊重他人的良好品质将伴随学生走过人生的每个阶段，帮他们建立良好的人际关系和社会形象。

第五章　冬季奥林匹克运动课堂多元价值最大化呈现的路径

第一节　多角度完善冬季奥林匹克运动课堂推广的顶层设计

一、确立全面的课程目标

（一）技能的提升

冬季奥林匹克运动项目丰富，各种运动技能的学习与提升是基础。教师需要合理规划课程，注重学生的基础技能训练，如滑雪、滑冰等，帮助学生逐步掌握运动的要领，提升身体素质。为确保学生技能的提升，教师可以采取多种策略和方法。对于不同的冬季奥林匹克运动项目，制订相应的训练计划是关键。例如，在滑雪项目中，教师可以组织学生进行基础滑雪姿势的练习，以及滑行和转弯的技巧训练。通过系统的训练和反复练习，学生可以逐渐提高技能。

在这里，注重学生的基础技能训练也是必要的。针对不同学生的背景和水平，教师可以采取个性化的教学方法。例如，将学生分组进行训练，根据学生的能力和进展，提供针对性的指导和反馈，帮助他们逐步提高技能。同时，鼓励学生积极参与课堂活动和自主练习，培养他们的自主学习能力。除了技术训练，教师还应注重学生身体素质的提升。冬季奥林匹克运动对于身体素质的要求较高，学生需要具备一定的力量、灵敏性和耐力。教师可以通过有针对性的体能训练，帮助学生增强身体素质，提高运动能力。这包括力量训练、柔韧性训练、有氧运动等多种形式，以综合提升学生的身体素质。

（二）冬季运动文化的理解

冬季奥林匹克运动作为一项具有丰富历史和文化内涵的运动，教师在课程中应该融入相关的知识，让学生对冬季运动有更深刻的理解。通过了解冬季奥林匹克运动的起源、发展和精神内涵，学生可以培养对运动的敬畏和热爱，进而提升对冬季运动的兴趣。

为了实现这一目标，教师可以运用多种教学手段。例如，教师可引导学生阅读相关的文献资料、观看历史纪录片，进而了解冬季奥林匹克运动的创始人、重要事件和影响等方面的知识。通过课堂讨论和小组活动，学生可以分享彼此的学习成果，加深对冬季运动文化的理解。同时，教师可以组织学生参观体育馆、博物馆等相关场所，亲身感受冬季运动的历史和文化氛围。通过实地考察，学生可以接触到真实的冬季运动设施和比赛场景，进一步加深对冬季运动文化的认知和体验。在课堂中，教师还可以通过音乐、舞蹈和手工制作等方式，让学生直接感受冬季运动文化。例如，学生可以编排冬季运动主题的舞蹈表演，创作冬季运动题材的绘画作品，制作冰雕等手工艺品。这样的实践活动不仅可以培养学生的创造力和艺术表达能力，也可以深化他们对冬季运动文化的认知和体验。教师还可以在课堂中融入冬季奥林匹克运动的历史、文化等知识，以让学生在实际操作中感受到冬季运动的魅力和价值。这种多角度的学习方式不仅提升了学生对冬季运动的兴趣，还促进了他们创造力的提升，使他们形成了团队合作精神。通过全面的课程设计，冬季奥林匹克运动课堂可以展现出多元的教育价值，为学生的全面发展提供有力的支持。

（三）体验成功与失败的能力

冬季奥林匹克运动课堂的设计应该注重培养学生体验成功与失败的能力。教师可以通过组织比赛、挑战等形式，让学生在实践中感受到成功的喜悦，同时在失败中学习和进步。这种体验将帮助学生认识到成功和失败是生活的常态，无论结果如何，都应该有勇气面对。

为了实现这一目标，教师可以设计各种比赛和挑战活动，让学生在冬季运动中亲身体验成功与失败的过程。通过参与比赛，学生可以竞争、努力，并为自己设定目标，从而激发潜力和动力。在比赛过程中，无论是取得优异的成绩，还是面对挑战和失败，学生都能体验到不同的情绪和反思。教师还可以引导学生在失败中学习和成长。当学生面对失败时，教师应鼓励他们正视挫折，并帮助他们分析失败的原因和不足之处。通过这样的反思，学生可以从失败中吸取经验与教训，找到改进的方法，并勇敢地再次尝试。这种能力培养了学生的坚韧精神和逆境应对能力，对他们的未来发展具有积极的影响。

教师还可以通过分享优秀运动员的故事，让学生了解他们在冬季奥林匹克运动中所经历的成功和失败。这些榜样的力量可以激发学生的积极性和努力精神，让他们明白成功需要付出努力和坚持，同时要接受失败，并从中汲取力量。通过培养体验成功与失败的能力，学生将不仅仅关注结果，更注重过程中的成长和收获。他们将从失败中吸取经验和教训，从成功中获得喜悦，并以积极的心态面对生活。这种实操性的教育设计将帮助学生形成积极向上的心态，培养他们面对挑战和逆境的能力，为他们的未来发展奠定坚实的基础。

（四）团队合作精神的培养

为了多角度完善冬季奥林匹克运动课堂推广的顶层设计，教师应该注重培养学生的团队合作精神。在开展冬季奥林匹克运动课程时，可以设定目标，要求学生在团队中进行合作，如在冰球、双人滑等项目中互相配合、支持，从而培养他们的团队精神和合作意识。

团队合作精神是冬季奥林匹克运动的重要精神之一。通过团队合作，学生不仅可以提高彼此之间的沟通和协作能力，还能够学会相互信任和依赖，共同追求团队的成功。在课堂中，教师可以设计各种团队活动，如团队比赛、合作训练等，让学生亲身体验到团队合作的重要性和乐趣。在团队合作的过程中，学生将学会倾听和尊重他人的意见，学会分享和合理分工，以实现团队的目标。他们会体验到合作的力量，发现通过协同努力能够取得比个人更为出色的成绩。同时，团队合作能够培养学生的社交技能，使他们更好地融入集体和社会。

为了实现团队合作的目标，教师应当积极引导学生，鼓励他们互相支持和帮助。教师可以设立小组项目，让学生在小组中合作完成任务，共同解决问题。通过这样的实操性活动，学生能够培养团队意识、分享责任和取得共同进步的习惯。教师还可以通过故事分享和榜样塑造来强调团队合作的重要性，通过向学生介绍成功的团队和优秀的合作伙伴，激发学生的合作热情。同时，教师可以组织学生观看实际的冬季奥林匹克运动比赛，让他们目睹优秀团队的表现，从而激发他们的团队合作精神。通过团队合作精神的培养，学生将在冬季奥林匹克运动课堂中体验到多元的价值呈现。他们将学会尊重和理解他人，在团队中发挥自己的优势，追求共同目标。团队合作不仅培养了学生的合作意识和团队精神，还为他们今后的学习和生活奠定了坚实的基础。

二、设计多元化的课程内容

（一）涵盖多种冬季运动

为了设计多元化的冬季奥林匹克运动课堂，学校可以采取多种方法来确保课程内容丰富。教师可以设计不同的学习模块，每个模块以一种冬季运动项目为主。例如，设立一个模块来学习滑雪技巧，另一个模块来训练滑冰技术。通过这种模块化的方式，学生可以逐步掌握不同运动项目的基本要领、技巧以及比赛规则。

另外，组织实践活动也是非常重要的。教师可以带领学生参观滑雪场、溜冰场等场所，让他们亲身感受不同运动项目的环境和氛围。还可以组织小型比赛或挑战，让学生在实际操作中应用所学，并体验冬季运动的乐趣和挑战。除了传统的冬季运动项目，教师还可以引入冰壶、冰球等冬季运动项目。这样可以激发学生的兴趣，让他们了解更多不同的冬季运动项目，并培养多样化的技能。

（二）探索运动的历史

在冬季奥林匹克运动课堂的设计中，探索运动的历史是一个重要的方面。通过介绍每种运动项目的起源和发展历史，可以让学生深入了解这些运动项目背后的故事，增加他们对运动的热爱，同时提升他们的历史文化素养。

教师可以通过丰富的教学资源，如图书、影像资料等，向学生介绍每个冬季运动项目的历史渊源。学生可以探索滑雪的起源，了解滑雪在不同文化中的发展和应用；学生可以追溯滑冰的起源，了解滑冰技术的演变和在不同国家的传统；学生可以了解冰球、雪车和雪橇等项目的发展历程，以及它们在不同国家和地区的特色。通过学习运动的历史，学生可以更好地理解和欣赏每个运动项目的价值和意义。他们将了解到运动项目的发展是历史、文化和科技的交织，每个项目都有独特的背景和传统，反映了不同地域和民族的特色与精神。

在课堂中，教师可以通过讲述故事、展示图片和视频、组织讨论和研究等方式，激发学生的兴趣。他们可以引导学生研究和探讨运动的历史对现代运动的影响，了解运动项目在不同时期的变革和创新，以及运动员通过不断努力创造出的辉煌成就。通过探索运动的历史，学生可以深入了解每个项目背后的精神，如团队合作、毅力、公平竞争和尊重。这将有助于学生培养积极的运动态度和正确的价值观。除了课堂教学，教师还可以组织学生们参观运动场馆、博物馆和历史遗址，亲身感受运动项目的历史和文化。通过实地参观和体验，学生可以更加直观地理解和体验运动的发展和演变过程，加深他们对冬季奥林匹克运动的认识和热爱。

（三）运动员风采的展示

为了提升课程的实操性和吸引力，教师应该在课堂中介绍优秀的冬季奥林匹克运动运动员和他们的励志故事。通过展示运动员的风采和成功经验，激起学生对这些运动的热爱，并激发他们对运动精神的追求。教师可以通过图文、视频等形式介绍冬季奥林匹克运动运动员的故事和成就。教师可以选择一些杰出的运动员，讲述他们在冬季奥林匹克运动中的奋斗历程和成功经验。这样的展示能够让学生深入了解运动员的努力，对运动员产生敬佩之情。

教师也可以邀请冬季奥林匹克运动运动员来校园分享他们的经历。运动员可以向学生介绍自己的训练方法、比赛经验和挑战，分享自己在运动中的收获。这样的互动体验可以让学生更加亲近运动员，感受到运动的魅力和奥林匹克精神。

教师还可以组织学生参观冬季奥林匹克运动的比赛和训练场地，让他们近距离观察和感受运动员的训练过程和比赛现场。通过亲身体验，学生可以更加直观地了解运动员的努力和专注，激发他们对运动的热爱。这样的运动员风采展示不仅能够激发学生对冬季奥林匹克运动的热情，还可以激发他们对积极向上的价值观的追求。

三、创新教学方法

（一）利用网络教学平台开展教学活动

利用网络教学平台开展教学活动是多角度完善冬季奥林匹克运动课堂推广的顶层设计的重要一环。通过网络教学平台，学生可以随时随地进行学习，无论是观看运动教学视频，还是参加在线讨论，都能有效提升学习效率。

网络教学平台为学生提供了便捷的学习渠道。他们可以通过在线课程观看专业教练的讲解和演示，学习不同冬季运动项目的技巧和规则。通过精心制作的教学视频，学生可以近距离观察运动员的动作和技巧，深入了解每个动作的要领。他们还可以通过反复观看和模仿，提高自己的技术水平。

除了观看教学视频，学生还可以通过网络教学平台参与在线讨论。他们可以与其他学生和教练进行互动，分享自己的经验和困惑，互相学习和进步。通过交流和讨论，学生可以开阔视野，了解不同人的观点和经验，从而提升自己的综合素质和运动技能。

网络教学平台还提供了丰富的学习资源和学习工具。学生可以通过在线图书馆和学习资料库获取专业的学习资料，深入了解冬季奥林匹克运动的历史、文化和发展。同时，他们可以利用学习工具进行自主学习和练习，如在线测验和练习题，巩固所学的知识和技能。

利用网络教学平台，冬季奥林匹克运动课堂的推广可以更加灵活和便捷。学生不再受限于时间和地点，可以自由选择学习时间和进度，提高学习的灵活性和自主性。同时，通过网络教学平台，学生可以更方便地互动，更便捷地获取资源，获得多样化的学习体验，提升综合能力和专业素养。

(二) 线上线下结合

为了多角度完善冬季奥林匹克运动课堂推广的顶层设计,教师可以采用线上线下结合的教学方式,将学生的理论学习与实践操作相结合,以使学生取得更好的学习效果。

线上学习提供了灵活、便捷的学习途径。学生可以通过网络平台和在线课程,学习冬季奥林匹克运动的理论知识和技巧。学生可以随时随地进行学习,通过观看教学视频、阅读教材和参与在线讨论,深入了解运动项目的规则、战术和训练方法。通过线上学习,学生可以充分利用多媒体资源和互动学习工具,提高学习效率和自主学习能力。

然而,单纯的线上学习无法满足学生对实践操作的需求。因此,线下实践成了巩固和运用所学知识的重要环节。通过实践操作,学生可以将理论知识应用于实际情境中,深入体验运动项目的特点和技术要求。他们可以参与实际训练和比赛,与教练和其他运动员进行互动,提高技能和战术水平。通过实践,学生能够更加深入地理解和掌握冬季奥林匹克运动的核心要素,同时检验和巩固线上学习获取的知识。

学生可以在线上学习中获取丰富的理论知识,并通过线下实践来运用和巩固所学内容。这种结合能够培养学生的综合素质和能力。同时,线上线下结合的教学方式也更贴近现代学生的学习习惯和生活方式,提高了学生的学习兴趣和参与度。

(三) 游戏化教学

游戏化教学是一种结合游戏思维和教学内容的教学方法。在冬季奥林匹克运动课堂中,教师可以设计各种游戏任务和挑战,让学生在游戏化的环境中进行学习和实践。这样的教学方法可以激发学生的学习兴趣,提升他们对学习的投入度,并提高他们的学习效果。

教师可以设计冬季奥林匹克运动的虚拟比赛，让学生扮演选手，在游戏中进行比赛和训练。通过模拟真实比赛的环境，学生可以在游戏中更好地掌握比赛规则、战术、运动技巧等。他们可以通过游戏的竞争性和挑战性，提高自己的运动技能，并与其他学生进行比拼和交流。另外，游戏化教学还可以引入冒险和解谜元素。学生可以在游戏中扮演探险者或解谜者，通过解决问题、探索未知和完成任务来获得奖励和成就感。通过这样的教学设计，学生可以培养问题解决能力、创造力和团队协作精神，同时增强自信心和积极性。游戏化教学的优势在于它能够让学生在轻松、愉快的氛围中学习，并激发他们的学习动力。通过制定游戏目标和奖励机制，学生可以获得即时反馈和成就感，进而不断进步和探索。同时，游戏化教学能够提供个性化的学习路径和挑战，满足不同学生的学习需求和兴趣。

（四）分阶段教学

分阶段教学是一种个性化教学方法，它将学生分为不同的阶段，每个阶段有特定的学习目标和要求。通过这种方式，教师可以更好地满足学生的学习需求，帮助他们逐步提高和发展。在冬季奥林匹克运动课堂中，教师可以根据学生的基础知识掌握程度和运动能力，将学习内容划分为初级阶段、中级阶段和高级阶段。在初级阶段，学生将学习基本的运动技能和规则，掌握正确的动作姿势和基本训练方法。在中级阶段，学生将进一步提高技能，学习更复杂的技术和战术，以及团队合作和比赛策略。在高级阶段，学生将进行高水平的训练和比赛准备，提升自己的竞技能力和专业素养。

针对不同阶段的教学，教师可以采用不同的教学方法和教学资源。在初级阶段，教师可以通过示范和指导，帮助学生掌握基本技能和动作要领。教师可以使用图像和图表等可视化工具，让学生更好地理解和模仿。在中级阶段，教师可以组织小组活动和竞技训练，培养学生的团队合作精神和比赛技能。教师可以利用实际比赛的录像和分析，让学生了解自己的不足和改进方向。在高级阶段，教师可以提供个别指导和专业训练，帮助学生精进技术和战术，达到更高的竞技水平。通过分阶段教学，课堂教学活动可以更好地满足学生的个性化需求，让每个学生都能够在适合自己的学习阶段中取得进步。这种教学方法不仅能够提高学生的学习兴趣和参与度，还能够培养他们的自主学习能力和问题解决能力。

四、建立科学的评价机制

（一）技能评价

在多角度完善冬季奥林匹克运动课堂推广的顶层设计中，建立科学的评价机制至关重要。其中之一是技能评价，教师可以通过评价学生在冬季运动技能方面的掌握情况，如滑雪、滑冰等技能的熟练程度，确保他们的学习成果得到具体的评价。

在进行技能评价时，教师可以采用多种方式。首先，教师可以通过测试的方式评估学生在各项运动技能上的表现。例如，在滑雪项目中，可以设置不同难度的滑坡，让学生按照要求进行滑行，然后根据他们的技术动作、平衡能力和速度等进行评分。这样可以客观地了解学生对滑雪技能的掌握程度。其次，比赛是评价学生技能的重要方式之一。通过组织小组比赛或个人比赛，可以考查学生在实际运动中的应用能力和竞技水平。例如，在滑冰项目中，可以组织学生进行技术表演或比赛，评估他们在技术动作、节奏感和艺术表现等方面的表现。最后，观察评价也是一种重要的方式。教师可以通过观察学生在课堂上的实际表现，如姿势正确性、动作流畅度、技术难度等，对学生进行评估。同时，教师可以观察学生的学习态度、团队合作精神和安全意识等方面，全面评价他们的技能水平。

为了确保评价的科学性和客观性，教师还需要建立明确的评价标准和细则。评价标准应该具体明确，能够涵盖各项技能的要素，如动作技巧、速度掌控、安全意识等。同时，评价过程应该公正公平，避免主观偏见和个人喜好的影响。通过建立科学的技能评价机制，教师可以全面了解学生在冬季运动技能方面的掌握程度，及时发现问题并给予针对性的指导和反馈。这样可以激励学生不断进步，提高他们的运动技能，为他们未来参与冬季奥林匹克运动或其他相关竞技运动提供支持。

（二）兴趣评价

在多角度完善冬季奥林匹克运动课堂推广的顶层设计中，建立科学的评价机制是至关重要的。除了技能评价，兴趣评价也是其中一个重要的方面。通过评价学生对冬季运动的参与程度和表现热情，教师可以了解他们对冬季运动的兴趣程度，从而更好地引导和激发他们的学习动力。

兴趣评价可以采用多种方式。教师可以先通过学生的自我反馈来了解他们对冬季运动的兴趣程度。在课堂上，可以让学生进行自我评价，让他们表达自己对不同运动项目的兴趣。这样可以让学生参与评价过程，增强他们的主动性。同时，教师的观察和记录是兴趣评价的重要依据之一。教师可以密切观察学生在课堂上的参与程度、表现热情等方面，从中了解学生对冬季运动的兴趣程度。例如，观察学生在实操训练中的投入程度、主动参与比赛和活动的情况等，可以获得有关学生兴趣的直接线索。而兴趣评价的目的是了解学生对冬季运动的投入程度和表现热情，从而更好地调整和设计课堂内容与教学方法。通过了解学生的兴趣程度，教师可以根据学生的喜好和需求，提供更加有针对性和吸引力的教学内容，激发学生的学习兴趣。在进行兴趣评价时，教师还需要注意客观性和公正性，避免主观臆断。同时，教师要尊重每个学生的兴趣，鼓励他们展现自己的特长。这样，通过建立科学的兴趣评价机制，教师可以更好地了解学生对冬季运动的兴趣程度，并据此进行针对性的教学设计。这样可以增强学生的投入感，加深他们对冬季奥林匹克运动的认知。另外，兴趣评价也有助于培养学生的自主学习能力，增强学生的学习动力，为他们未来的学习和发展奠定坚实的基础。

（三）团队精神评价

团队精神在冬季奥林匹克运动中不可或缺，因此在多角度完善冬季奥林匹克运动课堂推广的顶层设计中，学校需要建立科学的团队精神评价机制，以评价学生在团队合作的冬季运动项目中的协作能力和合作精神。评价学生的团队精神应该从多个角度进行，以确保评价的全面性和客观性。其一，教师可以通过观察学生在团队合作项目中的表现来评价他们的协作能力。例如，观察他们是否能够积极参与团队讨论和决策，是否能够有效地与队友合作，以及是否能够展现出团队合作所需的沟通、协调能力。其二，教师可以通过团队合作项目的成果来评价学生的合作精神。例如，在冰球比赛中，评价学生的团队合作可以通过观察他们的战术配合、运动意识和互相支持来进行；在接力滑雪比赛中，评价学生的团队精神可以通过观察他们的接力传棒和相互鼓励来进行。其三，学生之间的互动和反馈是评价团队精神的重要依据之一。教师可以通过团队成员之间的互评和互动，了解学生对队友的支持和认可程度，以及他们在团队合作中的贡献和角色。

为了建立科学的团队精神评价机制，教师需要确保评价过程的公正性和客观性。评价应该基于充分的观察和数据，避免主观偏见的影响。同时，教师要挖掘学生的潜力，并尊重每个学生在团队合作中的不同贡献。

通过建立科学的团队精神评价机制，教师可以更好地培养学生的合作意识、沟通能力和团队合作精神。这样，学生将在冬季奥林匹克运动中更好地发挥个人潜力并与队友协作，最终取得优异的成绩。同时，团队精神的培养将为学生未来的学习和生活奠定坚实的基础，使他们成为具有团队合作能力的、有品格的公民。

（四）综合素质评价

在冬季奥林匹克课堂评价过程中，除了评价学生的运动技能和精神面貌，学校还应该关注他们在冬季运动中的综合素质，包括运动态度、运动规则意识、安全意识等方面。其中，评价学生的运动态度是衡量他们参与冬季运动的态度和热情的重要指标之一。学生应该展现积极主动的参与态度，对冬季运动保持兴趣和热爱，并展现出对挑战的勇气和毅力。评价学生的运动规则意识是评估他们对冬季运动规则的理解和遵守程度的重要方面。学生应该了解不同项目的比赛规则，并能够在实践中正确运用这些规则，以确保比赛的公平性和竞争性。评价学生的安全意识也是不可忽视的。在冬季运动中，安全意识至关重要。学生应该了解运动项目的安全要求和注意事项，并能够在实践中遵循相关的安全规定，确保自己和他人的安全。

需要强调的是，综合素质评价需要综合考虑学生在不同方面的表现，并给予全面、客观的评价。评价可以通过观察学生在冬季运动中的表现、分析他们的比赛成绩和参与度，以及听取他们的自我评价和队友的反馈来进行。在建立科学的综合素质评价机制时，教师也要确保评价的公正性和客观性。

总而言之，通过建立科学的综合素质评价机制，教师可以全面了解学生在冬季奥林匹克运动中的表现，为他们提供全面发展的机会和支持。

（五）自我评价和他评

在冬季奥林匹克运动课堂中，通过鼓励学生进行自我评价，并结合他评（包括同伴评价和教师评价），可以全面了解学生在冬季运动中的表现，并培养他们的自我认知能力。

自我评价是学生对自己在冬季运动中的表现进行反思和评估的过

程。通过自我评价，学生可以审视自己的技能水平、动作表现、比赛心态等方面，并发现自己的优点和不足之处。同时，自我评价可以帮助学生建立自信心，激发他们的积极性和进取心。

他评是通过同伴评价和教师评价来了解学生在冬季运动中的表现。同伴评价可以让学生从不同的角度听取他人的意见和建议，了解自己在团队合作中的贡献和互动情况。教师评价则是教师根据对学生的观察和了解，给予专业的评价和指导，帮助学生不断提升自己的技能和素质。

在自我评价和他评时，评价主体应该注意以下几点。首先，评价应该客观公正，基于具体的表现和行为，而不是主观臆断。其次，评价应该针对具体的目标和标准进行，而不是泛泛地评价。评价的标准应该明确、具体，并与学生的发展目标相匹配。最后，评价应该是建设性的，以促进学生的成长和进步为目的。评价不仅仅是指出问题，还要提供解决问题的方法和建议。这也充分说明建立科学的自我评价和他评机制可以激发学生的主动性和自我反思能力，帮助他们更好地认识自己、发现自己的潜力，并不断提升自己的冬季运动能力。同时，他评可以让学生从多个角度了解自己的表现，增强他们的团队意识和合作能力。

五、加强师资队伍建设

（一）组织系统的教师培训

针对冬季运动的有效开展，冬季奥林匹克运动会承办方应该组织系统的教师培训。这种培训不仅仅是为了学校更好地促进冬季运动技能的传授，更重要的是加强教师对冬季运动的理解和掌握。培训内容包括冬季运动项目的规则和技术要求、安全注意事项、教学方法和策略等。通过系统的培训，教师能够全面了解冬季运动的特点和要素，并能够灵活运用教学方法，开展高效的教学活动。教师培训可以通过多种方式进行，如专业讲座、研讨会、教学示范等。这些培训活动可以由专业教练、学科专家和经验丰富的教师来主持。培训内容应当注重理论与实践的结合，使教师能够在实际教学中应用所学知识和技能。

另外，冬季奥林匹克运动会承办方还应该鼓励教师参与专业学习和研究活动，提升他们的专业素养。教师可以参加相关的研讨会、学术会议和教学交流活动，与其他教师和专家分享经验和教学方法。通过这种专业学习和交流，教师能够不断更新自己的知识和教学理念，提高教学质量。

总而言之，教师作为冬季奥林匹克运动课堂推广的重要组成部分，他们的知识和能力将直接影响学生的学习效果和成长。通过系统的教师培训和专业学习，教师能够更好地应对不同学生的需求，营造积极、富有激情的学习氛围，激发学生对冬季运动的兴趣和热爱。

（二）提升教学技能

在学校的教学实践活动中，教师需要掌握特定的教学技能，以确保冬季运动教学的安全性和有效性。以下是一些重要的教学技能，可以通过专门训练来提高。

在学校的安全教学方面，教师需要具备安全意识和安全教学技能，能够正确地传授运动项目的安全知识和技能，教导学生如何正确佩戴防护装备，让学生掌握应对突发情况的方法和技巧。教师还应该制定安全操作规程，确保学生在学习过程中的安全。

在动态演示方面，教师应该具备动态演示技能，能够清晰地展示冬季运动项目的动作要领和技巧。通过教师生动的示范和解说，学生可以更好地理解和掌握运动技能。动态演示还可以激发学生的学习兴趣，提升他们的参与度。

在激发学习兴趣方面，教师应该具备激发学生学习兴趣的教学技能，通过营造积极的学习氛围和设计有趣的教学活动，激发学生对冬季运动的热情。教师还可以运用多种教学方法，如游戏教学、小组合作学习等，让学生在轻松、愉快的氛围中积极学习。

在个性化教学方面，每个学生都有自己的学习特点和需求，教师应该具备个性化教学的技能。他们需要了解学生的差异，根据学生的不同需求和能力制订相应的教学计划，灵活运用教学方法。个性化教学能够更好地满足学生的学习需求，促进他们全面发展。

（三）引进专业教师

在多角度完善冬季奥林匹克运动课堂推广的顶层设计中，引进拥有丰富冬季运动经验和高级教练资格的专业教师至关重要。这些教师具备较强的专业能力和丰富的实践经验，能够为学生提供高质量的冬季运动教学，进一步提升推广效果。

教育机构可以通过与冬季运动协会、职业体育院校等相关机构合作，拓宽招聘渠道，吸引具备丰富经验和高级教练资格的专业教师加入教育团队。

第二节　强化资金、人员、技术方面的多元协同参与

一、资金保障

（一）器材采购

冬季奥林匹克运动课堂的推广需要一系列相关器材，包括滑冰鞋、滑雪板、防护装备等。为了确保器材的质量和安全，学校需要有稳定的经费支持。为此，学校可以通过建立专项经费，将一定比例的资金用于器材采购和更新。与此同时，学校应与供应商建立合作关系，以获得更好的采购条件，降低器材采购的成本，实现经费的有效利用。

学校还要与企业、社会组织等建立合作伙伴关系，寻求赞助和捐

助，共同促进冬季奥林匹克运动课堂的推广。

此外，学校还可以探索其他筹措资金的方式。例如，学校可以与当地政府或教育机构合作，争取拨款或申请专项经费来支持冬季奥林匹克运动课堂的推广；可以组织一些公益活动，如义卖、募捐等，筹集资金用于器材采购和更新。

需要注意的是，学校要做好器材维护工作，可以建立器材使用记录和维护档案，定期对器材进行检查和维修，确保器材的正常运行和安全使用。同时，培训教师和学生正确使用器材，以延长器材的使用寿命和保证安全。

（二）设施维护

除器材采购外，设施的建设和维护同样需要充足的资金支持。在冬季奥林匹克运动课堂推广中，学校需要有适合的冬季运动场地，如冰场、滑雪场等。这些场地的建设和维护需要投入大量的资金，以确保场地的质量和安全。为了解决资金保障的问题，学校可以积极寻求政府和相关机构的支持和赞助。学校可以与政府部门合作，争取专项经费的拨款，为冬季运动课堂推广提供资金保障。学校也可以与企业、社会公益机构合作，寻求赞助。另外，学校还可以通过组织募捐活动、举办赛事等方式筹集资金，用以建设和维护设施。

与此同时，学校可以制定合理的运营和管理机制，以确保资金的有效利用和持续投入。学校应建立专门的资金管理团队，进行资金的监管和审核，确保资金使用的透明度；应引入先进的管理模式和经验，优化资金使用的流程和效率。

在设施维护方面，定期的维护和检修是必不可少的。设施的正常运行和维护能够保证冬季奥林匹克运动课堂教学的顺利进行，并确保学生的安全。为了保持设施的良好状态，学校可以制订维护计划，定期进行设施的检查和保养。学校可以与专业维护公司合作，进行设施的维修和更新，以保证设施的质量和性能。学校还可以鼓励社会各界的参与和支持，通过建立志愿者队伍，组织志愿者参与设施的维护工作，减少维护成本。同时，学校可以与社区、教育机构等建立合作关系，共同承担设施的维护责任。

（三）教师薪酬

高水平的冬季运动教师具备丰富的专业知识和教学经验，他们对学生的指导和培养起到关键作用。因此，为了吸引和留住这些优秀的教师，必须提供合适的薪酬。合适的薪酬不仅可以激励教师更加投入工作，还能提高他们的教学质量。在设定薪酬时，学校应该综合考虑教师的教学成果、职称评定、教学经验和学历等因素，确保薪酬与教师的综合能力和贡献相匹配。

稳定的经费支持是保障教师薪酬的重要保障。为确保冬季奥林匹克运动课堂推广的顶层设计能够落地实施，必须确保经费的稳定来源。学校可以通过政府拨款、赞助和捐赠等方式筹措资金来支持教师薪酬。同时，建立健全财务管理机制，确保资金的合理分配和使用。为了提高教师薪酬的公平性和透明度，学校还要建立科学的薪酬考核制度。这个制度应该明确薪酬的评定标准和程序，并建立相应的考核机制，让教师能够清晰地了解自己的绩效评价和薪酬，进而提高工作动力。

（四）资金管理

筹集到的资金必须进行有效的管理和使用，确保资金的合理分配和最大化利用。具体方法如下：一是建立专门的资金管理团队。组建由专业人员组成的资金管理团队，负责资金的收支管理、账务核对和报表编制等工作。他们应具备财务管理和会计知识，并熟悉相关法规和政策。二是制订明确的预算计划。在资金筹集阶段，制订详细的预算计划，明确资金用途和分配比例。预算计划应考虑到各项支出和项目的优先级，合理分配资金，确保每一项支出都能得到有效利用。三是强化内部控制措施。建立严格的财务管理制度和内部控制措施，包括制定审批程序、预防财务风险、建立准确的账务记录和档案等。通过内部审核和审计，确保资金的安全性和合规性。四是确保资金使用的透明性和公开性。建立公开透明的资金使用机制，确保资金使用的公正性和透明度。对于资金的使用情况，学校可以定期向相关利益方进行通报和公示，增加对资金使用的监督和信任度。五是监控和评估资金使用效果。建立监控和评估机制，定期对资金使用效果进行评估。评估项目执行情况、成本控制、目标达成情况等方面，及时发现问题，并采取措施加以改进。六是资金回报和再投资。在合理控制资金使用的前提下，寻找可持续的资金回报和再投资机会。可以将一部分资金用于收益性项目或投资，以实现资金的增值和长期发展。

二、人员配置

为了实现资金、人员和技术方面的多元协同参与，合理的人员配置是不可或缺的环节。在冬季奥林匹克运动课堂的推广过程中，学校要合理安排教师、志愿者和实习生的人员配置，以确保他们充分发挥作用，为教学活动提供有力支持。

（一）教师队伍

冬季奥林匹克运动课堂教学需要有专业教师进行指导。一方面，学校在招聘教师时，要优先选择具有冬季运动教学经验的教师。学校可以通过公开招聘、内部推荐等方式吸引具有相关背景和能力的教师加入冬季奥林匹克运动课堂的教学团队。另一方面，学校要对在职教师进行冬季运动的培训，提升他们的专业素养和教学能力。这样具有较强专业素养和教学能力的教师才能够更好地指导学生参与到冬季奥林匹克运动的学习和训练中，促进学生全面发展。

（二）志愿者

为了更好地开展冬季奥林匹克课堂教学活动，学校可以招募志愿者参与教学。志愿者的参与不仅可以增加教师数量，还能为学生提供榜样，促进他们的成长和发展。志愿者可以是社会人士、学生、专业运动员或教练员等对冬季奥林匹克运动感兴趣的人。学校可以与社会组织、志愿者协会等合作，发布志愿者招募信息，吸引对冬季运动感兴趣和具有一定专业知识的志愿者加入。这些志愿者可以在课堂上担任助教角色，协助教师进行教学活动的组织和实施。比如，他们可以负责设备的维护和管理，保证设备的完好和安全，提供给学生一个良好的学习环境。学校也可以与冬季运动机构、俱乐部等建立合作关系，邀请专业的运动员或教练员作为志愿者参与教学。他们可以分享自己的经验和技巧，为学生提供更具实操性的指导和讲解。

与此同时，学校要开展冬季运动志愿者培训课程，提供必要的培训和指导，使志愿者了解冬季运动的基本知识和技能。培训内容包括教学方法、安全意识、应急处理等方面，使志愿者能够更好地参与到教学活动中，并提供专业的支持和帮助。

学校还应该建立良好的沟通机制，与志愿者保持密切的联系和协调。学校可以定期组织志愿者座谈会，让志愿者分享经验和交流意见，以解决问题和完善工作。同时，要给予志愿者适当的表彰和奖励，以感谢他们的贡献和激励他们持续参与。

（三）实习生

人员配置方面少不了实习生。实习生作为年轻一代的教育工作者，具有活力，可以为课堂教学带来新的教学理念和教学方式，激发学生的学习兴趣。实习生可以是体育专业的学生，他们在实习过程中可以学习和积累教学经验，为冬季奥林匹克运动课堂教学注入活力。学校可以与相关高校、学院建立合作关系，与体育专业的学生联动，招募实习生参与冬季奥林匹克运动课堂的教学工作。这种合作关系可以为实习生提供广泛的实践机会，促进他们的专业成长和发展。实习生可以在课堂上担任助教角色，协助教师组织和实施教学活动。他们可以参与教学准备工作，如场地布置、设备准备等。在课堂上，实习生与学生互动，解答问题，并提供个别指导和辅助。

为了确保实习生的教学能力，学校应为他们提供必要的培训和指导。培训内容包括冬季奥林匹克运动的基本知识、教学方法和技巧以及安全意识。这样，实习生可以更好地理解冬季奥林匹克运动的特点和要求，并提升自己的教学能力。同时，学校还应建立良好的实习生管理机制。明确实习生的工作时间、工作内容和职责，并指定专门的教师或指导员进行指导和管理，及时给予实习生帮助。另外，学校应为实习生提供良好的实习环境和条件，以充分发挥实习生作用。

三、技术与设备

（一）VR 和 AR

当前，虚拟现实（Virtual Reality, VR）和增强现实（Augmented Reality, AR）已经在教育领域得到一定程度的应用。在奥林匹克运动课堂中引入 VR 和 AR，可以为学生提供在虚拟环境中体验冬季运动的机会，激发他们的学习积极性。通过 VR 和 AR，学生可以身临其境地体验各种冬季运动，如滑雪、滑冰、冰球等。他们可以佩戴 VR 头盔或使用 AR 设备进入虚拟场景中进行互动和操作，感受真实的运动体验；他们可以在虚拟环境中进行训练，提高自己的动作协调能力和运动技能；他们可以根据自己的需求，调整虚拟环境的难度。学校则可以与国内外的奥林匹克运动机构合作，获取真实比赛的 VR/AR 影像资料，为学生提供丰富的学习材料和实践机会。学校还可以创建虚拟冬季运动场地，让学生在虚拟环境中进行比赛和训练。

VR 和 AR 的引进可以通过多种方式。学校可以与科技公司、专业机构或研究团队合作，引进先进的 VR/AR 设备和软件。需要注意的是，学校应组织专门的培训，让教师和相关人员掌握使用 VR/AR 设备和软件的方法，提高他们的教学水平。

（二）智能教学设备

智能教学设备的引进对冬季奥林匹克运动课堂教学的开展有很多好处。使用智能教学设备，教师可以为学生创造更多的学习机会和体验。同时，智能教学设备可以为教师提供数据支持和分析工具，帮助他们对教学过程进行评估和改进，进而提高教学质量。

智能运动分析系统、智能教学机器人都属于智能教学设备。智能运动分析系统是基于人工智能和数据挖掘技术开发的，可以对学生的运动进行精准的分析和评估。通过使用智能运动分析系统，教师可以实时监测学生的运动状态，发现问题，并针对性地进行指导，以使学生更好地理解和掌握冬季运动的技巧，提高他们的动作技能。智能教学机器人是利用人工智能、机器人技术为学生提供教育和学习服务的一种新型教育工具。智能教学机器人可以扮演教师的角色，与学生进行互动和交流，提供个性化的学习支持。它可以根据学生的学习进展和需求，提供不同的教学内容和方法，帮助学生学习，促进学生成长。其还可以通过语音识别和人脸识别等技术，对学生进行个性化的评估和反馈，增强他们的学习动力。

值得强调的是，学校应与科技公司、教育科研机构的合作来引进智能教学设备。学校可以与相关机构建立合作关系，获取最新的智能教学设备，并让教师参与培训，以确保设备的正确使用和教学效果的最大化。

（三）技术培训

仅仅引进技术还不足以实现预期的效果，还需要对教师进行必要的技术培训，使他们能够熟练利用技术进行教学。学校可以与科技公司、教育科研机构合作，提供相关的技术培训计划。技术培训包括理论学习和实际操作两个方面。在理论学习方面，学校可以邀请专业的技术培训师担任讲师，或者借助在线教育平台提供在线培训资源；可以邀请具有相关经验的教师担任培训导师，进行内部培训和经验分享。在实践操作方面，学校可以组织教师参加工作坊，通过实际操作，熟悉设备的使用流程，掌握操作技巧；可以提供实验室或模拟教学环境，供教师进行实操训练。培训内容则可以根据技术的特点和应用需求精心设计。例如，针对智能教学设备操作的培训包括设备的基本功能、使用方法、故障排除等方面的内容。

另外，为了确保技术培训的效果，学校可以进行培训成果的评估和反馈。教师可以提交培训作业、参加考核或进行培训后的教学实践，以展示他们对技术的掌握和应用能力。同时，学校可以收集教师和学生的建议，以不断改进培训方案，提升培训效果。

（四）技术更新

随着技术的不断发展，学校需要密切关注最新的教学技术动态，及时更新教学设备，以适应冬季奥林匹克运动课堂教学的需求。技术更新是一个持续的过程，需要学校建立敏锐的技术感知和信息获取机制。学校应定期关注教育科技领域的动态，关注相关媒体、学术期刊、专业网站等渠道的信息，及时了解最新的教学技术趋势和应用案例。学校应参加教育科技展览会、学术研讨会、专业培训等活动，与科技公司、教育科研机构交流和合作，深入了解最新的教学设备。通过与行业内的专业人士和机构建立合作关系，学校可以获得第一手的技术更新信息和资源支持。在了解最新的技术动态之后，学校需要评估当前教学设备的状况和适用性，确定是否需要进行更新。评估内容包括教学设备的功能、性能、使用寿命等方面。同时，学校需要结合冬季奥林匹克运动课堂的教学需求，确定更新的重点和优先级。

技术更新需要综合考虑资金、人员和时间等因素。学校应制订技术更新计划，明确更新的目标、内容和时间节点。学校要寻求资金支持，如向教育部门申请教育技术发展资金等，以确保技术更新计划的顺利实施。在技术更新过程中，学校可以组织专门的技术培训活动，帮助教师熟悉和掌握新的教学技术和设备。另外，技术更新还需要学校建立长效机制，定期进行评估和调整。学校应收集教师和学生的反馈意见，了解技术更新的实际效果和存在的问题，并及时进行调整和改进。学校还应建立技术更新的档案，以便将来参考。

四、协同合作

（一）合作伙伴的选择

选择合适的合作伙伴对推动冬季奥林匹克运动课堂的发展至关重要。在实践中，选择合适的合作伙伴应从以下五方面入手：一是寻找具有共同目标和理念的合作伙伴。合作伙伴应与学校拥有共同的教育理念和发展目标，共同致力推动冬季奥林匹克运动课堂的发展。例如，学校可以选择与冬季运动相关的体育组织、专业机构等作为合作伙伴，分享资源和经验。二是合作伙伴应具备相应的资源和能力。合作伙伴应该拥有丰富的冬季运动教育资源，包括设施、器材、教材等，还应具备专业的教练员和教师队伍，能够提供高质量的教学服务。通过与资源丰富、能力强大的合作伙伴合作，学校可以提升教学质量。三是合作伙伴应具有良好的信誉和口碑。在选择合作伙伴时，学校可以通过参考其历史记录、业绩和客户评价等方面的信息来评估其信誉和口碑。与有良好信誉的合作伙伴合作，有助于双方建立良好的合作关系，确保合作的顺利进行。四是需要考虑合作伙伴的地理位置。合作伙伴最好位于相对较近的地区，以便进行日常的合作。地理位置的便利性可以提高沟通效率，促进资源共享和合作活动的开展。五是建立合作伙伴关系要有合作协议。合作协议应明确合作的目标、内容、期限等，确保双方的利益得到保障。在合作协议中，双方还可以共同制定合作伙伴关系的管理和评估机制，以确保合作顺利。

（二）有效的协调机制

在学校冬季奥林匹克课堂管理工作中，协调机制的建立是一项系统工程。首先，应明确工作分配和流程。合作伙伴之间应明确各自的职责和任务，明确工作流程，确保在协同合作中发挥自己的作用。这样，通过明确的工作分配和流程，可以避免资源的重复利用或浪费，提高工作效率和协同效果。其次，制定财务管理规则。合作往往涉及资金的使用和管理。为了避免资金的浪费和滥用，合作伙伴可以共同制定财务管理规则，明确资金的使用范围、审批流程和报账要求等。规范的财务管理可以确保资金的有效利用，提高合作效益。再次，保持及时、有效的沟通。合作伙伴之间需要保持良好的沟通渠道和频率，及时交流信息、反馈进展和解决问题。沟通可以通过多种方式进行，如会议、电子邮件、在线协作平台等。重要的是确保沟通畅通无阻，促进合作伙伴之间的相互了解和信任。最后，制定合作协议。合作协议应明确双方的权责和合作方式，包括工作范围、资源共享、利益分配等方面的内容。合作协议的制定可以确保合作的目标一致、责任明确，并为合作提供法律和制度保障。

（三）共享资源

通过激励所有的合作伙伴共享他们的资源，包括人力资源、资金、设施和设备等,可以减少重复投资,提高资源利用效率。首先,共享人力资源。各合作伙伴可以共享各自的师资力量,利用各自的专业人才,共同承担教学任务和开展教学活动。其次,共享资金。各合作伙伴可以共同筹措资金,并对资金进行合理的分配和使用。例如,各合作伙伴可以一起建立资金共享机制,通过共同投入和管理资金,减轻各自的负担,实现资源的优化配置。最后,共享设施和设备。各合作伙伴可以共同使用场地、设备和器材,避免重复投资和资源浪费。例如,可以协商共享体育馆、训练场所和器材,提高资源利用效率。

需要注意的是,为了实现资源共享,需要建立明确的合作机制,成立协调管理机构。合作伙伴之间可以签订合作协议,明确各方的权责和利益分配。协调管理机构负责资源的调度,确保资源共享的顺利进行。同时,要建立监督机制,确保资源共享的公平和透明,防止资源的滥用和浪费。这不仅能够降低成本,提高效率,还能够促进协同合作伙伴之间的互信和合作关系。

(四)建立反馈机制

反馈机制的建立要注意以下几方面:第一,要建立评估机制。可以制定评估指标和评估方法,定期对冬季奥林匹克运动课堂的教学活动进行评估。评估内容包括教学效果、学生参与度、资源利用效率等方面。通过评估结果,教师可以了解课堂的优点和不足之处,为进一步改进课堂教学活动提供参考。第二,设立反馈环节。学校可以通过举办师生座谈会、进行问卷调查等,收集学生和教师的建议。学生可以提出对课堂教学的意见和需求,教师也可以谈一谈对教学活动的感受和改进建议。通过双向的反馈交流,冬季奥林匹克运动课堂的教学质量就能得以提高。

在建立反馈机制的过程中,还需要注重信息的传递和共享。学校应该与相关人员及时沟通和分享评估与反馈的结果,确保各方对课堂情况有清晰的了解。同时,学校要建立开放的沟通平台,鼓励教师和学生交流和讨论,促进经验和教学资源的共享。学校还要重视反馈机制的改进,不断完善评估指标和方法,提高反馈效果。

(五)发挥各自优势

每个合作伙伴都有不同的专长和优势,学校应尊重每个合作伙伴,让他们在各自擅长的领域发挥作用。不同的合作伙伴可以在不同的领域承担不同的责任和角色,相互协作,形成高效的合作模式。例如,技术专家可以负责技术引进和设备维护,教师可以负责教学设计和实施,财务人员可以负责资金管理等。通过合理的分工合作,每个合作伙伴都充分发挥了各自的优势,进而提高了工作效率。

需要注意的是,合作伙伴往往具有互补性,应相互弥补不足,形成合作的优势。例如,一个合作伙伴可能在资金方面有较大优势,另一个合作伙伴可能在人员和技术方面具有优势,两者可以通过合作实现资源的最优配置和优势互补,提高整体效能。

第三节 冬季奥林匹克运动课堂的持续监控与改进

一、定期评估

定期评估是持续监控和改进冬季奥林匹克运动课堂教学的方法之一。教师可以通过收集教学反馈、进行学生满意度调查等方式,获取有价值的反馈和数据,以促进冬季奥林匹克运动课堂教学的持续改进和优化。教学反馈是定期评估的重要环节之一。教师可以通过问卷调查、小组讨论或个别交流等方式,收集学生对教学内容、教学方法和教师表现的评价。这样可以帮助教师了解自己的优势和需要改进之处。学生满意度调查也是定期评估的重要手段之一。定期进行学生满意度调查,教师可以了解学生对冬季奥林匹克运动课堂教学的满意度。调查内容包括课程内容、教学环境、教学资源等方面。通过分析学生满意度调查结果，教师可以发现问题和改进的方向，优化课堂教学和提高学生的满意度。

除教学反馈和学生满意度调查外，课堂观察和教学质量评估也是定期评估的重要组成部分。定期进行课堂观察和教学质量评估，教师可以了解课堂的实际运行情况。教师可以观察课堂教学的实际情况，评估教学质量，以及时发现和解决问题。

对于定期评估的结果，教师应该进行认真的分析和总结，并根据评估结果，采取相应的改进措施，以进一步提升课堂教学质量和学生的学习效率。需要注意的是，评估结果应与相关人员共享，并进行讨论和反思。

二、创建反馈渠道

反馈渠道的创建要从以下几方面入手：第一，学校可以打造一个在线平台，作为反馈渠道之一。通过该平台，教师、学生以及其他相关人员可以随时提供他们的意见或建议。该平台可以提供一个专门的区域，供大家分享观点。第二，学校应重视电子邮件系统的搭建。通过电子邮件系统，每个人可以直接与管理团队或其他参与者沟通。第三，学校应定期召开集体讨论和反馈会议，促进意见交流和经验分享。这些会议可以是线下集体讨论、在线视频会议等，让教师、学生以及其他相关人员有机会提出问题和建议，并就课堂运营和教学改进展开深入讨论。第四，学校应定期进行个别面谈或一对一沟通，与教师、学生以及其他相关人员直接交流。这种沟通方式能更深入地了解个体的需求，提供更具体和个性化的反馈。

为了鼓励更多人参与，学校可以设置匿名反馈方式。例如，可以放置匿名反馈箱或者建立匿名反馈提交渠道。这样，教师、学生和其他参与者可以匿名提出他们的意见或建议，减少担忧。

还有两个方面需要引起高度重视：一是建立明确的反馈收集和处理

流程；二是鼓励参与和提出建设性反馈。针对前者而言，为了确保反馈渠道的有效性，需要建立明确的反馈收集和处理流程，包括明确反馈内容的收集时间、做好反馈内容的分类和整理，以及做好反馈信息的及时处理和回应。所有收集到的反馈都应受到重视，并对问题提出明确的解决方案。针对后者而言，在创建反馈渠道的过程中，学校要鼓励教师、学生参与，并提出建设性反馈。学校要营造公开、坦诚和尊重的沟通氛围，让每个人都感受到自己的声音被听到和重视，同时鼓励教师、学生提出具体、实用的建议和解决方案，以更好地推动冬季奥林匹克运动课堂教学的持续改进。

三、制订改进计划

在收集反馈和进行评估后，应针对发现的问题和不足，制订具体的改进计划，并分配任务去执行。首先，仔细审视收集到的反馈意见和评估结果，分析问题的本质，对问题进行分类和整理，确保对每个问题有全面的了解。其次，根据问题，确定改进目标和计划，制订具体的改进措施。学校要将改进计划分配给相关的人员或团队，并提供必要的资源支持，以确保他们有效地执行改进计划。改进措施则应该具体、可操作，并且能够解决实际问题。最后，制订监测和评估机制，以跟踪改进计划的执行情况和效果。这可以通过定期的进展报告、评估工具和会议来实现。根据反馈和评估结果，学校可以不断调整改进计划，以适应不断变化的需求和情况。

第四节　全面提升冬季奥林匹克运动课堂科学管理水平

一、建立高效的课程管理系统

(一)制订完整的教学计划

教学计划作为冬季奥林匹克运动课堂的行动指南，需要考虑多种因素，并制订符合学生实际需求和学校教育目标的教学计划。其间，学校应该明确教学目标。教学目标应该具体、明确，以指导学生在冬季奥林匹克运动课堂中的学习和发展。通过设定明确的目标，学校可以更好地衡量学生的学习成果，并为他们提供相应的教学支持。之后，学校需要综合考虑课程内容。冬季奥林匹克运动课堂的课程内容应包括运动技能、战术策略、规则和体能训练等方面的内容。学校可以根据学生的年龄、水平和兴趣，结合教育部门的要求，安排多样化的课程内容。同时，学校需要合理安排教学资源。教学资源包括教材、设备、场地等方面的资源。学校应该确保教学资源的充足性和适用性，以支持学生的学习和教师的教学。

在此基础上，学校统一制订教学计划还需要考虑时间安排和教学方法。学校应合理安排课程时间，确保每个教学环节都有充足的时间。同时，学校应要求教师采用多种教学方法，如讲授法、实践法、讨论法等，以促进学生主动学习和参与。需要注意的是，在制订完整的教学计划时，教师应充分借鉴先进的教育理念和实践经验，结合学校的特点和实际情况，制订具有可操作性的教学计划。学校也需要持续进行教学计划的评估和调整，以确保其与学生需求和学校目标一致。

（二）建立严谨的学生考勤制度

出勤情况是评价学生学习态度的重要指标之一。教师可以通过现代化的考勤工具，及时而又准确地记录学生的出勤情况。在此过程中，建立严谨的学生考勤制度起着重要作用。以下是一些实操性的方法，可以帮助学校建立有效的学生考勤制度。

第一，学校可以采用现代化的考勤工具，如人脸识别、扫码签到等方式，以确保学生出勤记录的准确性和时效性。通过使用这些工具，学校可以方便地记录学生的考勤情况，避免传统考勤方式中可能存在的人为错误和延误。

第二，学校应建立统一的考勤流程和规范，确保每个教师都按照相同的标准进行考勤记录。这可以提高考勤数据的一致性和可比性，为后续的统计分析和管理决策提供可靠的基础数据。

第三，学校可以利用现代信息技术，如学生管理系统或移动应用程序，为学生考勤提供便捷的操作和管理平台。通过这些系统或程序，教师可以方便地进行考勤记录，同时可以实时监控学生的出勤情况。

第四，学校应设立相应的监督机制，可以由专门的考勤管理人员负责对考勤数据进行审核和核对，确保数据的准确性和完整性。

第五，学校可以设立相应的奖惩制度来激励学生出勤。例如，学校可以给予出勤率高的学生一定的奖励或特权，同时对出勤率低的学生进行适当的警示和引导，以提高学生的出勤积极性和责任意识。

（三）搭建教学反馈平台

在高效的课程管理系统的建立过程中，搭建教学反馈平台是一个重要的步骤，可以帮助教师收集和分析反馈信息，了解教学效果，并发现存在的问题，为改进教学提供依据。具体措施如下：

第一，设计在线问卷调查。设计针对学生、家长和教师的在线问卷调查，广泛收集各方面的反馈意见。问卷应包括关于课程内容、教学方法、教师表现、学生学习体验等方面的问题。这样可以从不同角度了解课堂的情况，并获取参与者的建议。

第二，促进课堂讨论和互动。在课堂上，教师要鼓励学生积极参与讨论和互动，提出问题和意见。通过互动的形式，教师可以直接了解学生的学习情况和需求，并及时做出调整和改进。

第三，建立一对一的交流机制。教师可以与学生和家长进行定期的个别交流，了解他们对课堂教学的反馈和建议。这种个别交流可以帮助教师更深入地了解每个学生的需求和问题，并根据实际情况进行个性化的指导和支持。

第四，建立反馈结果的分析和整理机制。收集到的反馈意见和建议要进行分类、整理和分析，以获取有效的信息。教师和管理者应根据反馈结果，制订改进计划并逐步实施，确保教学质量的持续提升。

（四）实施课程质量控制

建立完善的课程质量控制机制，通过定期检查、教学观摩、课堂巡回等方式，确保教学计划的有效实施，保障课程质量。实施课程质量控制可以采取以下措施。

一是制订明确的教学标准。制订一套具体的教学标准，明确课程的教学目标、内容和要求。这样可以为教师提供明确的指导，确保课程的质量。

二是建立定期的教学检查机制。定期对教学过程进行检查和评估，确保教学计划的有效实施。教师可以通过教学观摩、课堂巡回等方式，对课程的教学效果有一个深入的了解，及时发现问题，并采取改进措施。

三是开展课程评估活动。定期进行课程评估，收集学生和教师的建议，了解课程开展的实际效果和改进方向。教师可以通过课程评价问卷、小组讨论等方式，与学生沟通交流，进一步提高课程质量。

四是提供持续的专业发展机会。为教师提供持续的专业发展培训和学习机会，更新他们的教学知识和技能。通过教师的专业成长和能力提升，进一步提高课程的质量和教学效果。

五是建立课程监督和管理机制。建立课程管理团队或委员会，负责对课程质量进行监督和管理。课程管理团队或委员会负责定期检查教材使用情况、审查教学计划的执行情况，并提出改进措施。

（五）持续优化课程管理

课程管理不应是一次性的，而是需要持续进行的。教师要定期对课程管理进行评估和反思，发现问题及时进行调整，实现课程管理的持续优化。第一，要定期评估课程管理效果。教师可以根据学生的反馈意见，通过课堂观察，对课程管理进行全面而系统的评估。根据评估结果，及时发现问题，并制定改进措施。第二，要建立反馈机制。教师可以通过定期的教学反馈会议、问卷调查、个别交流等方式，收集各方的反馈意见。针对反馈意见，进行综合分析和总结，以便及时调整和改进课程管理的方案和措施。第三，鼓励教师参与教学研究和实践，不断探索和创新课程管理的方法与策略。第四，教师间要合作，共享经验和资源，互相借鉴和学习。合作共享可以带来新的思路和实践案例，丰富课程管理的内容和方法。第五，要积极运用现代科技手段，提升课程管理的效率。教师可以使用在线学习平台、教学管理软件等工具，实现课程管理的数字化和智能化。

二、采用数据驱动的决策

（一）建立数据收集机制

建立数据收集机制是数据驱动决策的基础。其具体步骤如下：

第一步，确定数据指标。学校要明确冬季奥林匹克运动课堂的关键数据指标，以便收集相关数据。这些指标包括学生的学习成绩、参与情况、课堂表现、教学资源利用率等。明确指标可以帮助学校更有针对性地收集数据，并为后续的数据分析和决策提供依据。

第二步，选择合适的数据收集工具。根据数据指标，选择合适的数据收集工具。学校可以利用学生信息管理系统、教学管理软件等工具来收集数据。需要注意的是，要确保数据收集工具的易用性和准确性，以便顺利进行数据的收集和整理。

第三步，规范数据收集流程。制定明确的数据收集流程，包括确定数据收集的时间点、责任人、数据录入方式等，以便有效地进行数据的收集和记录。同时，要对数据进行分类和整理，以便后续的数据分析和决策使用。

第四步，保障数据安全和隐私。在数据收集过程中，可以采用数据加密、访问权限控制等方式，保障数据的安全性和隐私性。

（二）分析与解读数据

收集到数据后，学校需要对其进行深入的分析和解读。这可以帮助学校了解学生的学习情况，发现教学中存在的问题，并找到可能的解决方案。其具体操作如下：

首先，要进行数据整理和清洗。对收集到的数据进行整理和清洗，这包括去除错误或不完整的数据，确保数据的准确性和完整性。学校可以使用数据分析工具或软件来辅助进行数据整理和清洗的工作。

其次，要确保数据可视化。将数据转化为可视化的图表、图形或图像，以便更直观地理解数据。可以利用数据可视化工具创建柱状图、折线图、饼图等，呈现数据的趋势、关联性和分布情况。通过可视化，学校可以更容易地发现数据中的模式、趋势和异常。

再次，要明确数据分析方法。常用的数据分析方法包括描述性统计分析、相关性分析、回归分析、聚类分析等。学校要根据具体情况，选择适合的方法进行数据分析,从中获取有关学生学习情况、教学效果等方面的信息。

最后,解读数据分析结果。在进行数据分析后,需要对数据分析结果进行解读。这需要对数据的影响进行思考和推断。通过对数据分析结果的解读,学校可以识别出潜在的问题,从而采取相应的措施改进和优化课程管理。

（三）数据决策

基于数据分析和解读,学校可以制定更有效的决策。第一,要通过分析学生的学习成绩,了解学生的学习状况和表现。第二,要收集学生的反馈或建议,对其进行分析和解读。学生的反馈可以提供宝贵的信息,帮助学校了解他们对教学内容、教学方法和学习环境的感受和需求。通过对学生反馈数据的分析,学校也可以发现存在的问题和改进的方向,进一步优化管理策略。第三,要对教师进行考核评价,通过对教师的教学评估数据进行分析,识别出其教学强项和改进点,为其提供有针对性的专业发展计划和培训支持。这有助于提高教师的教学质量和教育能力。第四,要通过数据分析,了解教学资源的利用情况。可以分析课程的选修情况、教材的使用频率和教学效果等,以优化教学资源的配置和利用。第五,根据学生的学习成绩、参与度和反馈等数据,评估教学效果。可以通过比较不同教学策略和方法的效果,了解哪些教学方式对学生的学习效果产生了积极影响。这可以为决策者提供指导,优化教学方法,提高教学效果。

（四）数据共享与交流

教师要与学生、家长等共享数据,互相交流,以增进对数据的理解,最终做出正确的决策。以下是一些实操性的建议,帮助教师进行数据共享和交流。

首先，要建立数据共享平台，方便教师、学生和家长等各方共享数据。通过数据共享平台，相关人员可以实时共享学生的学习成绩、参与情况等方面的数据，了解学生的整体情况。

其次，要定期组织数据分享会议，邀请教师、学生和家长等相关人员参与，共同讨论数据分析结果和决策方向。会议上可以展示数据分析的结果，让参与者了解数据的真实情况，并邀请他们提出建议。

最后，要鼓励反馈和讨论。教师要通过在线问卷调查、小组讨论等方式，收集学生对数据的看法，了解他们对决策的想法。这样可以营造开放的沟通氛围，让每个人参与到数据驱动决策的过程中。

三、教育技术的应用

（一）教育技术的适用性评估

在引入教育技术之前，对教育技术的适用性评估是必不可少的一步。它可以帮助学校了解这些教育技术是否符合教学目标，是否符合学生的学习需求和能力，以及是否与现有的教学环境和资源相匹配。以下是一些建议，帮助学校进行教育技术的适用性评估。

第一，要明确教育技术的应用是否有利于教学目标的实现。评估教育技术的适用性时，学校要考虑教学目标，了解所应用的教育技术是否能够支持并促进教学目标的实现。例如，如果教学目标是提高学生的合作能力，就要评估所应用的教育技术是否提供了相应的合作学习工具和功能。

第二，要分析学生的需求与能力。学校要了解所应用的教育技术是否符合学生的学习风格和喜好，是否易被学生使用。例如，如果学生需要进行数据分析，将数据可视化，就要评估所应用的教育技术是否提供了相应的数据处理和展示功能。

第三，要考虑教育技术与教学环境和资源的匹配程度。学校要了解所应用的教育技术是否与现有的教学设施、网络环境等相匹配。例如，如果教室没有足够的设备支持某项技术的应用，就要评估该技术是否需要额外的资源投入。

第四，要考虑教师的支持和培训需求。学校要了解教师是否具备使用教育技术的相关知识和技能，以及是否需要进行培训和支持。

第五，要进行效益与成本效益分析。学校要了解教育技术的使用是否能够带来明显的教学效益，同时评估其成本投入和回报。例如，评估所应用的教育技术是否能够激发学生的学习兴趣，是否能够提高教学效率。

（二）教师的技术培训

在引入教育技术之前，教师的技术培训是非常重要的。以下是一些建议，帮助教师进行技术培训。

第一，要了解教师需求。在进行技术培训之前，了解教师对技术的需求和期望非常重要。学校可以通过问卷调查、小组讨论等方式，了解教师的技术需求和期望。这样，学校可以根据教师的实际需求和期望，引入教育技术，并为教师提供针对性的培训。

第二，要制订个性化的培训计划。个性化培训计划的制订要注意培训内容和形式。学校要将培训内容分阶段，从基础知识到高级应用，逐步提升教师的技术能力。学校要提供在线学习课程、研讨会、实践操作等多种培训形式，以满足不同教师的学习需求。

第三，要为广大教师提供实践机会。技术培训不仅要注重理论知识的传授，还要提供实践机会。教师可以通过实际操作和演练，熟悉技术，并尝试将其应用于实际教学中。

第四，为广大教师提供支持与指导。在技术培训过程中，提供持续的支持和指导非常重要。教师可能会在使用新技术的过程中遇到问题和困惑，需要由专业人员提供及时的解答。学校可以设立技术支持热线、在线咨询平台等，让教师随时获得帮助。

第五，要鼓励广大教师合作与分享。学校可以组织教师分享会、教学案例研讨等活动，让教师分享自己的技术应用经验和教学心得，以促进教师互相学习，提高教师的技术水平。

（三）试点应用

在全面引入教育技术之前，应先进行试点应用，以评估技术的可行性和适用性。其具体步骤如下：

第一，要确定试点范围和目标。学校可以选择特定的课程、年级或学习群体作为试点对象，以便更好地收集和分析数据，并评估教育技术的影响。

第二，要科学选取教育技术。根据教学目标和需求，选择适合的教育技术进行试点应用，确保选择的技术能够满足教学需求。

第三，要制订应用计划。学校要制订详细的教育技术应用计划，明确试点的时间、地点、参与人员和评估指标等，确保应用计划的清晰性和可操作性，以便顺利进行试点应用。

第四，要收集数据和获得反馈。在试点应用期间，学校应通过问卷调查、观察记录等方式收集关于教育技术应用的数据，并定期与参与试用的教师和学生进行沟通，了解他们的需求。

第五，要进行评估和总结。学校应根据收集到的数据，分析教育技术应用过程中的成功因素和挑战，评估教育技术对教学的影响。这些评估结果可以为后续的大规模应用提供参考和指导。

（四）反馈与优化

在使用新的教育技术时，反馈与优化是一个重要的环节，可以帮助学校了解技术的效果，发现问题并进行必要的改进。在冬季奥林匹克课堂教学活动全面开展的过程中，反馈与优化的具体步骤如下：

第一，要全面收集教师和学生的反馈，定期与教师和学生进行沟通，收集他们对教育技术的使用体验和意见。学校可以通过问卷调查、面谈、小组讨论等方式收集反馈信息，了解教师和学生的观点和需求，以便更好地进行教学优化和改进。

第二，要对数据进行分析，并总结数据分析的结果。通过数据分析，学校要识别技术应用的优点、问题和挑战，找到可以改进和优化的方面。

第三，根据反馈数据和分析结果，对教育技术进行必要的改进，包括改进技术的功能、界面设计等方面。

第四，要建立分享机制，让广大教师和学生共同学习和交流经验，建立教师和学生之间的学习和分享机制。这可以通过教研活动、教学研讨会、在线社区等途径实现。分享成功案例和经验可以激励其他教师尝试并完善自己的教学实践。

四、提升教师的管理能力

（一）提供专业培训

教师应定期接受有关课堂管理和学生心理指导等方面的专业培训，以提高他们的专业素养和管理能力。这可以帮助教师更好地理解和处理课堂上的各种问题。专业培训的具体步骤如下：

第一，定期组织课堂管理培训。学校要设置针对课堂管理的培训课程，帮助教师学习和掌握有效的课堂管理策略和技巧。培训内容包括如何激发学生的学习动力、如何管理学生等方面。教师可以通过案例分析、角色扮演、教学观摩等形式，提高自己的课堂管理能力。

第二，开展心理培训。学校要组织心理培训，使教师掌握心理训练方法，更好地了解学生的心理需求和特点，并为学生提供相应的指导。培训内容包括学生心理发展的阶段特点、情绪管理技巧、解决学习困难的方法等方面。教师可以学习有效的沟通技巧和心理辅导方法，为学生提供个性化的支持和帮助。

第三，组织教学方法培训。学校要提供教学方法方面的培训，帮助教师掌握多种教学方法，以适应不同学生的学习需求。培训内容包括启发式教学、合作式学习、探究式学习等。通过培训，教师可以开阔自己的教学视野，提升教学的灵活性和创新性。

（二）提倡反思

教师应在教学结束后进行反思，思考哪些方法有效，哪些需要改进，这种自我反思的过程可以帮助教师持续提升自身的管理能力。教师反思的具体做法如下：

第一，定期进行反思。教师应该养成定期反思的习惯，将反思作为教学结束后的一项常规工作。教师可以选择每周、每月或每学期进行反思，可根据个人情况灵活安排。通过反思，教师可以回顾自己的教学过程，思考自己的教学目标是否达到、学生的学习情况如何，以及自己的教学是否有改进的空间。

第二，进行教学效果的全面分析。教师可以分析教学效果，通过学生的表现、学习成绩、参与程度等指标来评估教学的有效性，同时结合学生的反馈和评价，了解他们对教学的感受和意见。教师可以借助各种工具和方法，如学生问卷调查、小组讨论、教学观摩等，获取多元化的教学反馈。在此过程中可以发现问题与挑战，通过反思，明确问题产生的原因，有针对性地制定解决方案。

第三，从中寻找改进和创新之处。反思教学是为了寻找改进和创新的机会。教师可以尝试不同的教学方法和策略，探索适合学生特点和课程需求的新思路。教师可以关注教育技术的发展，了解和应用新的教学工具，以提升教学的有效性。

（三）构建学习社区

构建学习社区，让教师在学习社区中分享自己的经验和技巧，相互学习，可以提升教师的管理能力。在冬季奥林匹克课堂活动的开展过程中，强化学习社区的构建有以下步骤：

第一，创建交流平台。学校可以建立一个在线的学习社区平台，供教师进行交流和分享。这个平台要简洁易用，有讨论模块、资源库等，教师可以在这里发表自己的观点、分享教学经验和教学视频、提出问题等。这样可以促进教师之间的互相学习和启发，提升教师的管理能力。

第二，定期组织研讨会。定期组织研讨会，为教师提供一个面对面交流的机会。研讨会可以围绕特定的主题展开，如教学方法、课程设计、学生评估等。教师在研讨会上可以分享自己的实践经验，互相启发和借鉴，从而提高管理能力。

第三，提供专业支持和指导。学校可以组织专家或高级教师提供指导和咨询服务，帮助教师解决在管理过程中遇到的问题，从而提升教师在管理方面的信心和能力。

第四，开展合作项目。学校可以组建跨学科的团队，让团队成员共同研究和解决管理问题，探索管理的新方法。这样不仅可以提升教师的管理能力，还可以促进教师之间的合作，使他们形成团队精神。

第五，激励教师参与。学校可以设立奖励机制，激励教师参与到学习社区的建设和活动中，提升教师的参与积极性。

（四）制订个性化发展计划

每个教师都有自己的管理风格和优势，因此针对不同的教师，学校可以制订个性化的发展计划，以便他们能够充分发挥自己的优势，提升管理能力。下面是一些实操性的方法，用于制订个性化发展计划：

第一，要全面了解教师的优势和兴趣。学校可以通过定期的评估和访谈来了解教师在管理方面的特长和兴趣。这可以帮助学校更好地了解教师的潜力和发展方向。

第二，要根据教师的优势和兴趣，制定明确的发展目标。这些目标应该与教师的管理能力和职业发展相吻合，既能够激励教师努力提升自身的管理能力，又能够与学校的管理需求相契合。

第三，要给予教师参与新项目和挑战的机会。学校应为教师提供锻炼管理能力的机会，安排教师参与管理团队、带领项目小组或参与决策过程，以激发教师的积极性和创造力，促进他们成长和发展。

第四，鼓励教师进行自主学习和探索。教师可以通过阅读、研究和参与教育研讨会等方式，不断丰富管理知识，提升管理能力。

（五）经验分享与反馈

为了提升冬季奥林匹克运动课堂的科学管理水平，学校应该组织定期的经验分享和反馈活动，以帮助教师了解自己在课堂管理方面的优势和改进的空间，从而有针对性地提升他们的管理能力。以下是一些实操性的方法，用于组织经验分享和反馈活动：

第一，要建立一个经验分享的平台，让教师分享自己在课堂管理中的成功经验和教训。这可以是一个在线论坛、内部博客等。通过分享经验，教师可以从彼此的实践中学习，相互启发和借鉴。

第二，定期组织经验分享会议，让教师有机会以面对面的方式分享自己的管理经验。这可以是小组会议、教研活动、专题讲座等。通过这些会议，教师可以与他人交流和学习，获得更多的启示，进一步提升管理能力。

第三，加强互动和合作。学校可以设置小组讨论、案例研究或合作项目，让教师共同思考和解决管理问题。通过互动和合作，教师可以汇集各自的智慧和经验，共同提升管理能力。

第四，强调个性化反馈，帮助教师认识自己的管理优势和改进的空间。学校可以针对每位教师的分享内容进行评价和指导，指出其在课堂管理中的亮点和可改进之处，使教师明确自己的管理优势和需要改进的地方。

第五，鼓励教师建立学习共同体，形成相互支持和学习的环境。教师可以通过定期的教学观摩、互访等方式交流和学习,从而形成一个学习共同体,共同成长。

五、加强安全管理

(一)制定安全规程

为确保学生在运动过程中的安全,学校应制定详尽的安全规程,并在课堂上进行详细说明。

在制定安全规程时,考虑到冬季奥林匹克运动中可能存在的安全风险,安全规程应详细说明学生在运动中应遵守的行为规范和安全要求。安全规程的内容应包括设备使用的注意事项、运动技术的要求、安全保护措施、应急处理程序等。在制定好安全规程后,需要向学生和教职员工进行宣传。可以通过课堂宣讲、安全培训、海报展示等方式,让所有参与者了解并遵守规程的内容。同时,应定期进行复习和提醒,以保持安全规程的有效性,确保学生具有安全意识。在学校冬季奥林匹克课堂教学活动正式落实之后,要定期对运动设备和场地进行安全检查,确保其符合安全标准。检查内容包括设备的完好性、稳定性和适用性,场地的平整度、安全性和紧急撤离通道等。发现问题时,应及时修复或更换设备,并采取措施确保场地的安全使用。还要针对可能发生的意外情况,制定紧急救援预案。预案应明确教师和工作人员的责任和行动步骤,包括应急联系方式、急救知识培训、紧急撤离程序等。而且,应定期进行应急演练,以提高教师和学生的应急反应能力。在此基础上,学校还要引入监控设备和管理措施,以确保学生的安全。这可以包括安装摄像头、建立巡视制度、设立安全岗位等。通过监控和管理,学校可以及时发现安全问题并采取相应的措施,确保学生的安全。更重要的一点是学校要全面加强学生的安全意识教育,让他们明白安全是他们参与冬季运动的首要考虑因素。教育内容包括运动姿势的正确性、个人保护装备的使用、危险警示标识的理解等。学生安全意识的提高，可以降低安全事故的发生率。

（二）加强安全培训

除了制定安全规程外，学校还应定期对学生进行安全培训，使他们了解如何在运动中避免受伤，以及在发生意外时如何进行自我保护。

教师应教授学生运动中的常见安全知识，如正确的体位和姿势、如何正确使用运动器材，以及运动前如何热身和运动结束后如何放松等；向学生传达运动中的潜在风险和可能发生的事故，并告知他们如何预防和应对这些风险；教授学生基本的急救知识，如心肺复苏术、止血和包扎等。学生则应该了解如何在紧急情况下进行简单的急救措施，以保护自己和他人的生命安全。在培训过程中，教师可以结合实际案例和模拟演练，让学生更加深入地理解和掌握急救技能。在基本安全知识全面教授的基础上，教师应教导学生在发生紧急情况时如何进行自我保护，包括正确的逃生方法、避免恐慌、保持冷静和寻求帮助等。学生应该知道如何判断紧急情况的严重程度，并采取适当的行动来保护自己和他人的安全。教师还要不定期组织模拟演练和实践活动，让学生在实际场景中应用所学的安全知识和技能。例如，模拟运动发生意外的情景，让学生进行紧急处理和急救处置。通过实践活动，学生能够更好地理解和掌握安全知识，增强安全意识和应急能力。另外，教师还要组织学生进行安全策略讨论和案例分析，让他们思考不同安全情况下的最佳行动方案。通过讨论和分析真实的安全案例，学生可以更好地理解安全管理的重要性，并从中汲取经验和教训。

（三）做好设备和环境的安全检查

在课程开始前，教师和工作人员应对所有的设备和运动环境进行全面检查，确保没有潜在的安全风险。以下是一些实操性的方法，用于进行设备和环境的安全检查：

一是设备检查。教师和工作人员应仔细检查课堂所使用的设备，确保其处于良好的工作状态。检查时要注意设备的稳定性、耐久性和安全性，如有发现任何损坏、松动或不安全的情况，应及时修复或更换设备。

二是运动场地检查。对运动场地进行全面检查，确保其平整、干净和安全。检查时要留意场地上是否有凹凸不平的地面、杂物或其他障碍物，以及是否有足够的安全保护措施，如防护栏、安全网等。必要时，对场地进行修整和改善，以提供安全的运动环境。

三是应急设施检查。检查教室或场地是否配备了必要的应急设施，如灭火器、急救箱等，确保这些设施处于可用状态，并且容易被教师和学生找到。在检查时，还要确保相关人员了解应急设施的使用方法，并能够在需要时迅速采取行动。

四是安全标识和警示牌检查。检查课堂或场地内的安全标识和警示牌是否清晰可见。这些标识和警示牌可以提醒教师和学生注意安全事项，如禁止吸烟、禁止奔跑等。如果有任何标识模糊或缺失，应及时更换或重新标注，确保其清晰可见。

五是风险评估和管理。进行全面的风险评估，识别潜在的安全风险，并采取相应的管理措施进行控制和预防。教师和工作人员应了解不同运动项目的特点和相关风险，制定相应的安全管理方案，并定期进行评估和更新。

（四）制定紧急应对预案

针对冬季奥林匹克课堂教学活动的全面开展，学校应制定详尽的紧急应对预案，并对全体教职工进行培训。一旦发生紧急情况，教职工应能快速、准确地采取措施。以下是一些实操性的方法，用于制定和实施紧急应对预案。

一是进行风险评估与情景模拟,对可能发生的紧急情况进行风险评估,并根据评估结果制定相应的预案。通过情景模拟和演练,教职工可以熟悉不同紧急情况下的应对程序,提高应对能力和应急反应速度。

二是建立紧急通信系统,确保教职工之间的快速沟通与信息传递。要求明确指定紧急联系人,并提供他们的联系方式,以便在紧急情况下能够及时取得联系,并协调救援和支援工作。

三是制定紧急疏散与避险措施,确保学生和教职工在紧急情况下安全撤离和避险。要求安排必要的疏散路线和集合点,并定期进行演练,使每个人都熟悉疏散程序和避险地点。

四是为教职员工提供基本急救培训,使他们能够在紧急情况下进行必要的急救,以确保伤员的生命安全。

五是与当地急救服务机构建立联系,确保在紧急情况下能够及时获得专业的医疗救援。

六是建立紧急事件记录系统,详细记录紧急事件的经过和处理过程,并对每次紧急事件进行评估和分析,总结经验与教训。

(五)做好安全文化建设

安全是一种文化。学校应通过各种方式(如海报、活动、演讲等)来做好安全文化建设,让学生意识到安全的重要性,从而形成一种积极主动的安全意识。以下是做好安全文化建设的一些方法:

一是制作和张贴安全宣传海报,通过直观的图像和简洁的文字,向学生传达安全知识和安全行为的重要性。海报可以涵盖各个方面,如运动器材使用规范、紧急情况的应对方法、防止意外伤害的方法等。学校可以通过在校园中张贴海报,不断提醒学生关注安全问题。

二是定期组织各类安全活动和演讲,邀请专家、教师和学生代表进行演讲,分享相关安全经验和教训。活动可以包括安全知识竞赛、安全演练、安全主题研讨会等。通过互动和参与,学生可以增强对安全的关注和认识。

三是开设专门的安全意识培训课程,教授学生有关安全的知识和技能。课程可以涵盖紧急情况下的自救和互救方法、常见安全事故的预防和应对等。通过系统的培训,提高安全意识和自我保护能力。

四是定期组织校园安全巡查,由学校管理人员、教师和学生共同参与。巡查范围包括教室、走廊、运动场等校园区域,检查设施、标识、消防设备等是否完好有效。在巡查过程中,如果发现安全隐患,要及时采取措施进行处理,确保学校环境的安全。

五是建立安全文化激励机制,对在安全方面有突出贡献和表现的学生和教师进行表彰和奖励。这样,可以增强学生和教师的安全责任感,激励他们主动参与到安全管理和宣传工作中。

第五节 打造富有冬奥情怀的学校体育新业态

一、引入冬奥元素

(一)冬奥历史教育

引入冬奥元素的一个重要方式是向学生讲述冬奥会的历史。这包括冬奥会的发展历程、经典比赛回顾、重要人物介绍等。通过了解冬奥历史,学生可以更好地理解冬季运动的价值和精神。

学校可以开设专门的冬奥历史课程,将冬奥会的历史作为教学内容进行讲解。课程可以包括冬奥会的起源、演变和发展,重点介绍一些具有代表性的冬奥会历史时刻和经典比赛。通过生动的讲述和图文并茂的展示,激发学生对冬奥历史的兴趣。学校也可以组织冬奥主题展览,展示冬奥会的历史文物、图片、视频等资料。展览包括冬奥会举办地的介绍、冬奥会比赛项目的演变和发展、冬奥会的经典时刻等。学生可以通过参观展览，近距离接触和感受冬奥会的历史魅力。学校还可以邀请冬奥会的参赛选手、教练员或其他相关人士来校园讲述自己在冬奥会中的经历和感受，与学生分享冬奥会的故事和背后的努力。这样的分享活动能够激励学生，让他们感受到冬奥会的伟大和激情。学校也可以成立冬奥历史研究小组，鼓励学生积极参与小组活动。小组成员可以共同讨论冬奥历史相关的议题，展开深入的研究，撰写小论文或进行展示。这样的研究活动能够培养学生的研究能力和团队合作精神，加深他们对冬奥历史的了解。

（二）冬奥比赛模拟

在体育活动中，学校可以模拟冬奥比赛，让学生亲身感受冬奥会的竞技氛围。

学校可以利用室内或室外的合适场地设置滑雪模拟赛道，准备滑雪板或者适合场地的其他器材，让学生进行滑雪比赛，感受滑雪的速度和技巧。为了增加竞争氛围，学校应设置定时赛制或者设立奖项，激发学生的参与积极性。具备条件的学校还可以组织滑冰模拟比赛，通过各种滑冰项目，如单人滑、双人滑、冰舞等，让学生体验不同滑冰项目的特点和要求，掌握滑冰技巧。针对喜爱冰球的学生，学校也可以组织冰球模拟比赛。学校可以建造小型冰球场地，提供适当的装备和保护措施，让学生分组进行冰球比赛。通过模拟比赛，学生可以提升团队合作能力、战术意识和个人技能。学校还可以组织学生体验其他冬奥项目，如雪车、雪橇、冬季两项等。通过提供相应的模拟场地和设备，学生可以体验这些精彩、刺激的冬季运动项目。

（三）冬奥故事分享

在冬季奥林匹克运动课堂教学中，教师可以分享冬奥会中的各种感人故事，激发学生的兴趣，引发学生的情感共鸣。教师在冬季奥林匹克运动课堂中,可以分享一些冬奥运动员的奋斗故事,讲述他们在追求冬奥梦想的道路上所经历的挑战、付出的努力和取得的成就,激发学生对运动员奋斗精神的认同和敬佩。教师也可以分享一些令人难忘的冬奥比赛瞬间,让学生感受冬奥会的激情和精彩。教师还可以选取一些经典的比赛片段,以视频回放或者图文介绍的方式展示给学生,引导他们感受运动员为比赛付出的努力和所下决心。除了运动员和比赛,教师还可以分享一些冬奥会背后的故事。这些故事可以是举办地的历史背景和文化特色、志愿者的奉献精神以及冬奥会给当地经济带来的影响等。通过这些故事,学生可以更全面地了解冬奥会,增强对冬奥会的认同感。还有一点需要注意,教师要鼓励学生分享自己对冬奥会的理解和感受。这样的分享可以增强学生的表达能力和创造力,同时促进他们对冬奥会的理解。

(四)创作冬奥作品

教师应鼓励学生通过创作各种形式的作品来表达他们对冬奥会的理解和情感。这样不仅可以发挥学生的创造力,也可以让他们更深入地了解和体验冬奥精神。

在绘画方面,教师可以组织绘画比赛或者课堂绘画活动,让学生创作与冬奥会相关的画作。学生可以描绘冬奥项目、运动员的形象、比赛场景等,展现自己对冬奥会的理解和热爱。在写作方面,教师可以组织冬奥主题的写作比赛或者课堂写作活动,让学生撰写文章、故事、诗歌等作品。学生可以描述冬奥会的意义、自己的冬奥梦想、运动员的故事等,展示自己对冬奥会的见解。在模型制作方面,教师可以提供各种材料和工具,让学生用纸张、塑料、泥土等材料制作冬奥会场馆、冰雪场景、冬奥会吉祥物等。这样的创作可以培养学生的动手能力、空间想象力和创造力。在多媒体作品制作方面,教师应鼓励学生利用多媒体技术创作与冬奥会相关的作品。学生可以制作短视频、创作音乐作品等,以图像、声音和文字的形式展现自己对冬奥会的认识和情感。这样的创作可以培养学生的多媒体表达能力和创新思维。

二、开展冬奥知识竞赛和主题活动

（一）开展冬奥知识竞赛

学校通过开展冬奥知识竞赛，可以让学生在学习和竞争的过程中深入了解冬奥运动的历史、规则和精神，也能培养学生的团队协作精神和竞争意识。

在组织学生参加冬奥知识竞赛前，学校可以提供相关的学习资料和资源，如有关冬奥历史、运动项目、知名选手等方面的图书、视频等。学生可以通过自主学习，掌握参赛所需的知识。之后，学校可以将学生分成小组，让他们组成团队参加冬奥知识竞赛。每个团队可以由4～6名学生组成，他们在竞赛中共同回答问题、解答谜题等。通过团队合作，学生能够互相补充知识，增强团队精神。学校还要为学生准备多种形式的竞赛题目，包括选择题、填空题、判断题、解答题等。题目内容涵盖冬奥历史、运动项目、国家代表队、运动员故事等方面。通过设置不同类型和难度的题目，可以满足不同层次学生的需求，激发他们的学习兴趣。另外，学校也要设置奖励机制，对表现出色的团队或个人进行奖励和鼓励。最后，学校要鼓励学生深入学习和讨论，因为冬奥知识竞赛不仅仅是一场比赛，更是一次学习和讨论的机会。学校可以在竞赛结束后，组织学生深入学习和讨论相关话题，进一步拓展他们的知识面，提升他们的思维能力。

（二）定期举办冬奥主题活动

除了冬奥知识竞赛，定期举办各类冬奥主题活动也是必不可少的。定期举办冬奥主题活动可以使学生保持对冬奥会的关注和热情。定期举办的冬奥主题活动包括展览、运动体验活动、演讲、艺术表演活动、文化活动等。

第一，学校应定期组织冬奥主题展览，展示与冬奥有关的图片、文物、纪念品等。展览内容可以包括冬奥历史、经典比赛回顾、运动员故事等。通过展览，学生可以近距离了解冬奥的发展历史和精彩的比赛瞬间，提升对冬奥的兴趣，加深对冬奥的认识。

第二，学校应定期组织冬季运动体验活动，让学生亲身体验滑雪、滑冰、冰球等冬季运动项目。学校可以与当地的滑雪场、滑冰场合作，为学生提供参与冬季运动的机会。通过实际体验，学生能够深入感受冬季运动的乐趣和挑战，更加热爱冬季运动。

第三，学校应邀请冬奥专家、运动员或专业人士来学校进行冬奥主题演讲。他们可以分享自己的经验和故事，介绍冬奥运动的发展和价值。通过演讲，学生能够深入了解冬奥运动的背后故事，激发他们对冬奥的向往和探索精神。

第四，学校应组织冬奥主题的艺术表演活动，如舞蹈、音乐等表演活动。学生可以通过表演展示他们对冬奥的理解和情感，用艺术形式表达对冬季运动的热爱和向往。同时，艺术表演能够激发学生的想象力和创造力。

第五，学校应定期组织冬奥文化活动，如冬奥电影放映、冬奥书展、冬奥手工制作等。通过这些活动，学生可以进一步了解冬奥精神，培养对冬季运动的兴趣。

三、建立冬奥会运动员校友网络

（一）邀请校友分享

为了全面提升冬季奥林匹克课堂教学质量，学校可以邀请参加过冬奥会的运动员校友回校与学生分享自己在冬奥会上的比赛经历、取得成就的心路历程，以及克服困难的经验。这些真实的故事将极大地激发学生的兴趣，也会提供宝贵的实践经验供学生学习。具体来说，邀请校友分享可以通过以下途径：

一是举办冬奥主题的座谈会。学校可以举办冬奥主题的座谈会，邀请冬奥会运动员校友来学校与学生分享他们的冬奥经历。冬奥会运动员校友可以介绍自己在冬奥会上的比赛项目、训练方法、比赛策略、心理调节方法等，与学生交流并回答他们的问题。这样的活动可以让学生近距离接触冬奥会运动员校友，直观地了解冬奥会运动员的职业生涯，并从中获得启示和激励。

二是组织职业分享会。学校可以组织职业分享会，邀请冬奥会运动员校友分享他们在冬奥运动中获得的经验和教训，为学生提供宝贵的职业指导和启示。学生可以借此机会了解不同项目的专业要求和发展路径，从而更好地规划自己的未来。

（二）加强互动交流

学校要采取多种措施促进学生与冬奥会运动员校友互动交流，让学生感受到冬奥会运动员的亲切和专业，激发他们对冬奥运动的兴趣。

一是组织冬奥会运动员校友见面会，让学生和冬奥会运动员校友面对面互动交流。在冬奥会运动员校友见面会上，学校可以安排提问环节，由学生提出问题，让冬奥会运动员校友解答。冬奥会运动员校友也可以在见面会上亲身示范冬奥运动项目的技巧，带领学生实践并纠正他们的动作。这样的互动活动能够让学生亲身体验冬奥运动的乐趣，点燃他们的热情。

二是打造线上交流平台。学校通过线上交流平台，如社交媒体、在线论坛等，让冬奥会运动员校友与学生进行远程互动和交流。这样的线上交流平台能够突破时间和地域的限制，促进校友与学生之间的互动和合作。

（三）持续关注冬奥会运动员校友

通过冬奥会运动员校友网络，学生可以持续关注冬奥会运动员校友在冬奥会上的表现，进一步加深他们对冬奥运动的了解和喜爱。那么，学校如何做才能引导学生持续关注冬奥会运动员校友呢？

一是组织比赛观摩活动。学校可以组织学生观看冬奥会运动员校友参加的比赛直播或录播，让学生目睹冬奥会运动员校友在冬奥会上的精彩表现，了解其竞技水平。这样的观摩活动不仅能够激发学生的兴趣，还能够让他们深入了解不同冬季运动项目的规则和技巧。

二是及时更新校友新闻。学校应建立冬奥会运动员校友新闻更新渠道，定期发布关于冬奥会运动员校友的最新消息。这些消息可以包括冬奥会运动员校友在冬季运动比赛中取得的成绩、训练进展以及他们对冬奥精神的见解等。学校可以通过校网、校报、社交媒体等途径将这些信息传达给学生，以便他们及时了解冬奥会运动员校友的动态。

三是建立冬奥会运动员校友的资源库。学校可以建立冬奥会运动员校友的资源库，收集冬奥会运动员校友的个人资料、照片、视频等，并将其展示在学校网站上。这样的资源库可以为学生提供更多了解冬奥会运动员的机会，激发他们的好奇心和学习欲望。

（四）创建战略合作项目

学校要与社区、体育协会、冬季运动机构等组织合作，开展冬奥主题的合作项目，并邀请冬奥会运动员校友作为指导员、教练、评委或特邀嘉宾参与到这些项目的建设中，为学生提供更多的学习机会。这样的合作项目不仅能为学生提供锻炼机会，帮助他们全面发展自己的技能和素质，还可以增加学校与外界的合作机会，进一步提升学校的影响力。

（五）制订冬奥会运动员校友导师计划

学校可以邀请冬奥会运动员校友担任学生的导师，为他们提供个人指导和支持。导师可以帮助学生制订学习计划，为学生提供专业建议，并分享自己的经验和故事。这样的导师计划可以促进冬奥会运动员校友与学生之间的互动，促进学生运动能力的发展。

四、与冬奥城市进行交流与合作

学校应加强与冬奥城市的交流与合作，这对双方都具有重要意义。具体来说，交流与合作的方法如下：

一是高度重视教学资源共享。学校可以与冬奥城市的学校建立合作关系，共享优质的教学资源。例如，通过视频会议、在线课程等方式，学校可以与冬奥城市学校进行教学交流，分享冬季运动特色课程的设计和教学经验。这样的资源共享将丰富学校的教学内容，提高教学质量。

二是注重师生与其他冬奥城市的互访互动。学校应组织师生互访活动，让学生亲身体验冬奥城市的氛围和冬奥比赛场地。学生可以通过参观冬奥场馆、体验冬季运动项目感受冬奥运动的魅力。这样的互访活动将加深学生对冬奥运动的了解，提升学生对冬奥运动的兴趣，激发他们参与冬季运动的热情。

三是增加在校学生的学习与训练机会。学生可以在冬奥城市的学校进行体育活动，参与冬季运动项目的学习和训练。通过与冬奥城市的专业教练和运动员的交流合作，学生将有机会接触到更高水平的训练和比赛环境，提升自己的技能和竞技水平。

四是加强与冬奥城市的文化交流。除加强与冬奥城市的体育交流外，学校还要重视与冬奥城市的文化交流，以让学生了解冬奥城市的历史文化和风俗习惯。通过参观博物馆、文化展览等活动，学生可以深入了解冬奥城市的文化底蕴，加深对冬奥文化的理解。这样的文化交流将开阔学生的视野，培养他们的跨文化交流能力。

第六章 冬季奥林匹克运动课堂的未来展望

第一节 冬奥文化在冬季奥林匹克运动课堂中的深度推广

一、加深学生对冬季运动的认识

（一）增加冬季运动知识的储备

冬季奥林匹克运动课堂在未来将发挥重要作用，可以帮助学生深入了解冬季运动的知识，增加冬季运动知识的储备。冬季运动知识不仅仅局限于运动项目的历史和规则，还包括了运动员的训练方法、战术策略以及技术要点等方面。通过系统的学习和实践，学生将深入了解各冬季运动项目的背景、特点和发展历程，加深他们对冬季运动的认知，进而更好地弘扬冬奥文化。那么，如何通过冬季奥林匹克运动课堂增加学生的冬季运动知识储备呢？

第一，冬季奥林匹克运动课堂要引入多媒体资料，让学生直观地认识冬季运动，并为学生提供专业指导，使他们更好地掌握冬季运动的技能。

第二，要将专题讲座、座谈会和研讨活动等引入冬季奥林匹克课堂，并邀请运动员、教练员等在课堂中分享他们的经验和教训。这样，学生就可以从他们身上汲取知识和智慧，深入了解冬季运动，丰富有关冬季运动的知识。

只有这样，有了丰富的冬季运动知识，学生才能成为冬奥文化的传播者和推动者，通过自身的言谈和行为，传递冬奥精神，弘扬冬奥文化。

（二）进一步深化对冬季运动知识的认识

深入了解冬季运动的一种有效方式是亲自参与并体验其魅力。在冬季奥林匹克运动课堂中，学生有更多机会接触到各类冬季运动，如滑雪、冰球和冰壶等。这些运动项目的具体规则、技巧要求和比赛精神被详尽地介绍和传播，使得学生不再将冬季运动视为遥不可及的高级运动，而是可能亲身体验并参与其中的活动。例如，在有关滑雪的教学中，教师除了要教给学生滑行技巧外，还要传授转弯、制动等技巧，进一步深化学生对冬季运动知识的认识。正是在这个过程中，学生对冬季运动的理解变得更为深刻，能够感受到每一项运动的独特之处及其背后蕴含的精神。

（三）提供丰富的冬季运动体验

提供丰富的冬季运动体验有利于进一步加深学生对冬季运动的认识。冬季奥林匹克运动课堂作为一个开放性的学习平台，为学生提供了亲身体验冬季运动的宝贵机会。在这个过程中，学生不仅能够了解到冬季运动的规则和技巧，更能够在实际操作中体验到运动的乐趣，获得挑战与成就并存的满足感。

冬季运动，如冰雪运动，富有挑战性和趣味性，其独特之处在于运动者要在寒冷的环境中进行高强度的体能消耗和技能挑战。例如，滑雪、滑冰、雪橇、冰壶等运动项目都需要运动员具备良好的身体协调能力和运动技能。在冬季奥林匹克运动课堂上,教师可以为学生提供机会深入学习和练习这些技能,亲身体验运动的乐趣和挑战。同时,参与冬季运动更是一种全新的生活体验。在寒冷的冬季,学生可以尽情感受运动带来的活力,享受运动的乐趣。通过这样的体验,学生能够更好地认识到冬季运动的重要性和价值,增强对冬季运动的热爱。冬季运动还可以带来强烈的成就感。当学生在滑雪、滑冰等运动中不断提升自己的技能,达到一个个新的目标时,他们就会体验到从未有过的满足感和成就感。这种感觉将促使他们主动参与到冬季运动中,享受运动带来的乐趣。

(四)引导学生形成良好的冬季运动态度

通过冬季奥林匹克运动课堂,学生能够深入了解冬季运动的价值和意义,感受冬季运动的魅力。学校可以介绍各种冬季运动项目、展示运动员的精彩瞬间、讲述励志故事,以激发学生对冬季运动的兴趣和热爱,使学生形成良好的冬季运动态度。

冬季运动对身心健康的积极影响不容忽视。在冬季奥林匹克运动课堂中,教师可以通过介绍冬季运动的益处,如增强体质、培养协调能力以及促进心理健康等,引导学生将冬季运动作为全面促进身心健康的方式之一,促使学生形成良好的冬季运动态度。团队合作在冬季运动中也占据重要地位。教师可以组织冬季运动项目的小组比赛,鼓励学生参与其中。这样的活动不仅能提高学生的冬季运动水平,还增进他们的人际交往能力,提升他们的团队合作意识。通过以上措施,未来冬季奥林匹克运动课堂必将为学生形成积极的冬季运动态度提供有力引导。

(五)大力推广冬季运动项目

推广冬季运动项目不仅能够增加人们对这些项目的了解和认知,还能够激发他们对冬季运动的兴趣和热爱,使他们感受到冬季运动带来的快乐和挑战。同时,推广冬季运动项目能够吸引更多的人参与到冬季运动中，扩大冬季运动的受众群体。这将有助于提升冬季运动的影响力和知名度，促进冬季体育产业的发展。更多的人参与冬季运动将进一步推动冬奥文化的传播，让更多人感受到冬季运动的魅力。因此，冬季奥林匹克运动课堂应大力推广冬季运动项目，以推进冬奥文化的传播。冬季奥林匹克运动课堂要为学生提供多样化的冬季运动项目，如冰球、滑雪、冰壶等，让他们通过参与不同的冬季运动项目，培养坚韧、勇于挑战的品质。这些品质是冬奥文化的重要组成部分。而且，冬季奥林匹克运动课堂要提供专业的指导和安全的训练环境，使学生掌握冬季运动项目的基本技能和运动规则，并逐渐提高他们的运动能力。

二、传播奥林匹克精神，提升社会道德风尚

（一）阐释奥林匹克精神

奥林匹克精神源自古代希腊文明，其核心价值观包括相互理解、友谊团结以及公平竞争。这一精神不但体现在古代奥林匹克运动中，而且随着现代奥林匹克运动的发展而不断丰富和完善。如今，奥林匹克精神强调的是个人价值的尊重、体育竞赛的人性化、人类文化的多元和谐以及人与自然环境的和谐共存。此外，奥林匹克精神还鼓励参与者通过自我锻炼和参与来实现健康的体魄、乐观的心态以及对美好生活的热爱与追求。奥林匹克精神不仅是体育竞技的精神，也是一种生活态度和人生哲学，它倡导公平、公正、平等、自由的价值理念。在冬季奥林匹克运动课堂中，教师可以通过故事、影像、视频等形式，向学生生动地介绍奥林匹克精神。例如，教师可以在课堂上讲述奥运冠军的成功故事，重点强调他们在赛场上展现的团结、公平竞争等品质。通过真实的案例和生动的讲述，学生可以更好地理解奥林匹克精神。另外，学校还可以利用社交媒体平台、在线教育平台等渠道，为学生阐释奥林匹克精神，吸引更多人参与到冬季运动中。

（二）传承和弘扬奥林匹克精神

放眼未来，冬季奥林匹克运动课堂将继续致力通过冬季奥林匹克运动的教学和实践，来传承和弘扬奥林匹克精神。奥林匹克精神是一种超越国界的精神，包括友谊、尊重和卓越。其不仅适用于体育领域，也是全球公民所应遵循的。

冬季奥林匹克运动课堂将通过加深学生对奥林匹克精神的理解和体验，引导他们在日常生活中践行奥林匹克精神。学生将了解友谊的重要性，尊重他人的差异和多样性，以及形成追求卓越的态度，成为具有全球意识和责任感的公民。在课堂教学活动中，教师可以通过多元化的教学方法，如案例分析、小组讨论、角色扮演等，让学生了解不同国家和地区的奥林匹克故事、成功经验和挑战，深入理解奥林匹克精神，并将奥林匹克精神融入生活，进而传承和弘扬奥林匹克精神。

（三）提升学生的道德意识

未来，冬奥文化在冬季奥林匹克运动课堂中的深度推广将为社会道德风尚的提升做出重要贡献。

冬奥文化的深度推广将激发学生对道德价值观的关注和认同，使奥林匹克精神得到更广泛的宣传和弘扬。通过冬季奥林匹克运动课堂的教育活动，学生将更加深入了解奥林匹克精神的内涵，从而加深对奥林匹克精神的理解和认同，进一步提升道德意识。一方面，奥林匹克精神所强调的尊重、友谊等价值观将促使学生在日常生活中更加注重他人的权益，尊重他人，与他人和谐相处；另一方面，公正和公平的观念将引导学生在各种场合中坚持公平竞争的原则，并且在面对挑战和困难时坚持不懈，永不放弃。

冬季奥林匹克运动课堂在未来可以借助科技和媒体的力量，实现奥林匹克精神的全民传播。通过互联网、社交媒体，奥林匹克精神会被更直观地传递给公众。这种全民参与的传播形式将进一步推动社会道德风尚的提升。

（四）形成良好的社会风气

随着冬奥文化的深入推广，越来越多的人将理解和接受奥林匹克精神所倡导的公平竞争和尊重他人的价值观。这些积极的价值观将在社会中传播开来，渗透到各个领域，形成积极、健康和公正的社会风气。

在体育竞技领域，公平竞争的意识将得到进一步提升。各级赛事将更加注重公正和公平的原则，杜绝任何形式的作弊和不公平行为。这将为运动员提供公平竞争的环境，促使他们展现自己的实力。在教育领域，奥林匹克精神将渗透到学校教育和课堂教学中。学校将以奥林匹克精神为基础，培养学生的团队合作精神、公平竞争意识和尊重他人的价值观。这将培养出更多具有良好道德品质的人才，为社会的发展注入正能量。在社会交往和文化交流中，尊重他人的观念将成为常态。人们将更加注重倾听和理解，秉持包容和互助的精神。这将有助于建立和谐、包容的社会关系。

三、培养新一代冬奥会运动员

冬季奥林匹克运动课堂是发现和培养优秀运动员的重要平台。教师应密切关注学生的表现，为那些展现出天赋和潜力的学生提供更多的专业训练和竞赛机会，让他们不断挑战自我、追求卓越，在未来成为优秀的冬奥会运动员。

（一）初级技能学习

冬季奥林匹克运动课堂将成为青少年学习和实践冬季运动项目基础技能的重要平台。通过课堂教学和实践训练，学生将有机会了解各冬季运动项目的基本规则和技巧，从而培养对冬季运动的兴趣。

在冬季奥林匹克运动课堂中，学生可以接触到滑雪、冰球、雪橇等冬季运动项目。通过系统的训练和实践，学生可以逐步掌握这些项目的基本技能，并在不同的比赛和表演中展示自己的运动技能。需要注意的是，在冬季奥林匹克运动初级技能的传授中，教师应以提升学生的身体素质和运动技能为重点。在冬季奥林匹克运动课堂中，教师要组织学生进行针对性的体能训练，提升他们的力量、速度、耐力和灵敏性等。同时，教师要为学生提供专业指导，帮助学生掌握相关的运动技巧。

另外，还要注意两方面：一是冬奥运动课堂要注重培养学生的团队合作意识和竞技精神；二是初级技能学习应涵盖运动伦理的教育和体育精神的培养。针对前者而言，教师要引导学生在团队中学习如何与队友合作、相互支持，以及在比赛中保持积极的竞争态度。通过团队训练和比赛实践，学生可以培养合作意识、沟通能力和解决问题的能力，为将来成为优秀的冬奥会运动员打下坚实的基础。针对后者而言，教师要引导学生尊重对手、遵守比赛规则，使他们明白在运动中的胜利并不仅仅是个人的荣耀，更是对整个团队和国家的贡献。通过这种教育，学生形成了高尚的道德品质和正确的价值观，在将来才可能成为优秀的冬奥会运动员。

（二）高级技能发展

冬季奥林匹克运动课堂在全面夯实学生初级技能的基础上，应进一步发展和提高他们的技能，使他们掌握高级技能。在冬季奥林匹克运动课堂中，教师要制订结构化的训练计划，并根据学生的进步情况调整教学进度，确保每个学生都能以自己的步调逐渐提高技能。

首先，要根据不同的冬季体育项目，对学生进行精细化的培训。教师在课堂中要教给学生更复杂的技术动作和战术策略，以提高他们在特定项目中的表现水平。通过系统的训练和指导，学生将逐步掌握更高级别的技能，为他们成为优秀的冬奥会运动员奠定坚实的基础。

其次，要提供相应的场地和设备，为学生掌握高级技能提供支持。例如，有条件的学校可以建设滑雪场地，配备完善的滑雪设备和教练，为学生提供安全、舒适的滑雪体验；有条件的学校可以建设溜冰场，并提供教练和指导，以满足学生对溜冰的需求。这样，学生可有更多选择，在冬季尽情参与各种冰雪运动，发展高级技能，获得乐趣。

再次，要注重个性化的指导和训练。教师应密切关注每个学生的需求和潜力，为他们提供个性化的训练计划和指导。这样可以最大限度地发掘学生的潜力，帮助他们在冬季运动领域取得突破性的进展。

最后，要与专业训练机构和教练团队合作，为学生提供更多的培训资源和机会。学校要为学生提供参与专业训练营、国内外比赛的机会。这些机会将帮助学生锻炼自己的技能，提高比赛水平。

（三）竞技态度培养

在冬季奥林匹克课堂中，教师要为学生提供体验胜利和失败的机会，使他们逐渐理解竞技体育的本质，形成良好的竞技态度。在体验胜利和失败的过程中，学生可以明白竞技体育需要不断挑战自我，追求卓越，并学会面对挫折，勇敢地迎接挑战，进而获得成长。

首先，教师应引导学生树立正确的竞争观念和价值观。教师要引导学生认识尊重对手、遵守规则和公平竞争的重要性，使他们在竞争中培养团队合作精神，明白竞技不仅是个人的努力，更需要团队的支持和协作。

其次，教师应帮助学生树立目标并制订计划，获得突破，努力追求自己的梦想。在这个过程中，学生可以培养自律、毅力和决心，为成为优秀运动员做好准备。

最后，学校应提供比赛和表演的机会，让学生展示自己的竞技实力和技巧。这可以激发学生对竞技体育的兴趣，使他们通过比赛和表演学会承受压力、控制情绪。

(四) 心理素质提升

在竞技体育发展良好的今天，当运动员技术都相差无几的时候，心理素质尤为重要。因此，教师在冬季奥林匹克运动课堂中要重视学生心理素质的提升。具体来说，在冬季奥林匹克运动课堂中，教师要为学生提供心理训练和指导，有意识、有目的地通过各种手段，对学生的心理素质和个性特征施加影响，使他们学会调控自己的心理状态，在面对挑战和压力时保持积极的心态和较强的适应能力，学会处理竞争中的失利和挫折，从而坚持不懈地追求目标。

四、促进冬季运动产业的发展

(一) 提升冬季运动消费需求

冬季奥林匹克运动课堂可以为更多人提供了解和接触冬季运动的机会。学生通过课堂学习和体验冬季运动项目，将增强对冬季运动的兴趣和热爱。这种兴趣的激发将直接刺激消费需求的增长。学生会渴望购买与冬季运动相关的装备、设施和器材，以满足自己参与运动的需求。另外，冬季奥林匹克运动课堂的推广有利于冬季运动的宣传和推广。通过课堂教学、展示和宣传活动，冬季运动将逐渐成为大众关注的焦点。人们将意识到冬季运动不仅仅是一种运动形式，更是一种健康生活方式和文化体验。这将促使更多人参与冬季运动，并对相关消费品和服务表现出浓厚的兴趣，从而增长消费欲望。

随着冬季运动消费需求的提升，冬季运动产业将迎来更广阔的市场空间和商机。各种冬季运动装备、设施和器材的销售量将得到增长。冰雪旅游、滑雪场馆、滑冰场等冬季运动相关场所的兴起也将带动相关服务业的发展。同时，人们对冬季运动培训机构和教练团队的需求将不断提升。这将推动整个冬季运动产业的繁荣发展。而为了满足不断增长的消费需求，企业会加大对冬季运动产品的研发投入，新型材料、设计理念和技术将不断涌现。这将为消费者提供更先进、舒适和安全的冬季运动体验。

（二）加强冬季运动场地和设施的建设

在未来，随着冬奥文化影响力的不断提升，冬季奥林匹克运动课堂会得到大力推广，越来越多的人也会参与到冬季运动中，这就大幅度提升了人们对冬季运动场地和设施的需求。为了满足这一需求，要加大对滑雪场、冰壶馆等场地的建设力度。这些场地不仅可以为学生参与冬季运动提供实践基地，更可以为广大冬季运动爱好者提供运动场所。随着技术的不断进步，冬季运动设施也将逐渐实现智能化和现代化。先进的技术将应用于设施的设计和运营管理中，提升用户体验。例如，智能化的滑雪场地可以提供更精准的数据和指导，让学习者和运动员更好地掌握技术和提升水平。在这样的发展大环境下，冬季运动场地和设施的建设将带动相关产业的发展。比如，冬季运动场地的建设需要大量的材料和设备供应，从而刺激冬季运动产业的发展。另外，设施的运营和管理也需要专业的人才，这就为人们提供了更多的就业机会。

（三）创新冬季运动产品和服务

冬季运动产品创新是冬季运动产业的重要发展方向，而冬季运动产品创新的关键是技术创新。企业通过应用新材料和先进技术，可以使冬季运动产品的性能和质量得到提升。例如，利用先进技术，应用新材料，企业可以生产出更轻、更耐用的滑雪板、雪橇等器材，使这些器材具有更好的操控性能和安全性能。又如，企业可以利用智能化技术，生产智能滑雪镜、智能手套等，为消费者提供更好的运动体验。

服务创新也是冬季运动产业的重要发展方向。企业、运动场馆、专业训练机构要提供全方位的服务，从售前咨询到售后支持，从场地设施到培训指导，为消费者提供全面、个性化的运动体验。例如，运动场馆可以提供专业的教练和指导，帮助参与者提高技术水平。同时，线上线下结合的模式将得到更广泛应用，为消费者提供便捷的预订、付款和信息查询等服务。

另外，冬季运动产业还可以与其他行业融合，创造出更多新的商机。例如，冬季运动相关机构可以与旅游企业、冰雪主题乐园合作，提供全方位的冰雪体验和体育娱乐项目。

第二节 跨文化交流在冬季奥林匹克运动课堂中的全面开展

一、加强国内外交流

冬季奥林匹克运动课堂将成为一个重要的桥梁，连接国内与国外的交流与合作。学生通过这一课堂，能够打开了解世界各地冬季运动发展情况的窗口，增进对冬季奥林匹克运动和不同文化的认识，促进国内外在冬季运动领域的交流与合作。

未来，随着冬季奥林匹克运动课堂的全面开展，国内学校将积极与国外学校交流与合作。通过举办国际冬季运动训练营、组织学生参加国际冬季运动比赛等活动，学生将有机会与来自不同国家和地区的运动员共同训练、交流经验。这种跨文化的交流有助于学生开阔视野，培养国际化的思维和交际能力。而且，利用互联网和先进的通信技术，冬季奥林匹克运动课堂可以通过远程视频会议等形式，让学生与国外的专家、教练进行实时互动和交流。这种线上交流不受地域和时间的限制，极大地拓展了交流范围，为学生提供了与国际专业人士交流的机会。

除此之外，学校还可以组织冬季运动文化展览、国际文化交流活动等，邀请国内外的冬季运动代表团、文化艺术团队等参与，为学生提供感受不同文化、开阔视野的机会。这样的跨文化交流活动将促进不同国家和地区间的了解，推动冬季奥林匹克运动课堂的全面开展。在这里，通过构建更广阔的交流平台，未来冬季奥林匹克运动课堂将促进不同文化的交融与碰撞，使学生在全球视野中发展自己的冬季运动技能，增强国际交流与合作的能力，为冬季奥林匹克运动做出更大的贡献。

二、鼓励跨学科交流

未来的冬季奥林匹克运动课堂将鼓励学生进行跨学科的学习和交流，推动各学科之间的融合发展。除了体育学和教育学等传统领域的知识，冬季奥林匹克运动课堂将引入物理、生物、医学等多个学科的知识，以探索冬季运动的科学原理、运动人体科学、运动损伤预防等方面的内容。

通过跨学科的交流，学生能够更深入地理解冬季运动的本质。物理学的知识可以帮助学生理解雪地滑行的力学原理，生物学的知识可以让学生了解高原训练对运动员身体的适应性，医学的知识可以提供运动损伤预防和康复方面的指导。这样的跨学科交流将丰富学生的知识，促进他们全面发展。在冬季奥林匹克运动课堂中，教师可以组织学生参与到跨学科的合作项目中。例如，设计一个冬季运动装备，需要考虑物理学、材料科学、工程学等多个学科的知识，教师可以组织学生参与其中，通过合作与交流，让学生在实践中体会到跨学科合作的重要性和价值，培养解决问题的能力和团队合作精神。冬季奥林匹克运动课堂还可以邀请拥有不同学科背景的专家和学者举办讲座，以开阔学生的学术视野。学生可以通过与专家、学者的互动和交流，深入了解不同学科领域的前沿知识和研究成果。

三、建立行业交流平台

未来，冬季奥林匹克运动课堂的全面开展将促进行业内交流平台的建立。这个交流平台将汇聚运动员、教练、裁判、研究人员等来自不同国家和地区的专业人士，他们将在这个平台上分享自己的经验、交流彼此的想法，从而推动冬季运动行业的发展。这个行业交流平台将提供一个开放、多元的环境，各方可以借此机会深入了解和学习来自其他国家和地区的实践经验。通过交流和分享，不同文化背景和技术水平的专业人士能够相互启发、共同成长。这将有助于促进冬季运动行业的发展，打破国界限制，促进各国之间的合作和交流。

行业交流平台将以多种形式呈现，如国际研讨会、专家讲座、交流项目等。这些活动将聚焦冬季运动的最新发展趋势、技术创新、运动训练方法等方面的研究成果。同时，该平台可以提供在线交流和互动的机会，使更多的人参与其中。通过行业交流平台，专业人士可以分享自己在冬季运动领域的成功经验和教训，探讨解决方案，共同研究和解决行业面临的挑战。这将推动冬季运动行业的发展，促进技术和知识的跨文化交流。还有一点应得到高度肯定，即行业交流平台可以为年轻人提供学习和职业发展的机会。他们可以参与到行业交流活动中，与专业人士进行互动和交流，开阔视野，了解行业的最新动态和发展趋势。这将为他们提供更多的学习和成长机会，可能使他们成为新一代冬季运动行业的领军人才。

四、提升跨文化理解能力

在未来的冬季奥林匹克运动课堂中，教师将致力促进文化交流与融合，以培养学生的全球公民意识。随着全球化的加速发展，跨文化交流变得更加重要。通过冬季奥林匹克运动课堂，学生将有机会与来自不同国家和地区的学生互动，分享彼此的冬季运动文化和体验。

在该过程中，冬季奥林匹克运动课堂将提供一个开放和包容的平台，让学生以平等和相互尊重的态度相互交流。学生将学习到不同国家和地区的冬季运动传统、技巧和策略，了解各国冬季运动的发展历程。

通过学习和体验其他文化，他们将形成包容性思维，成为具有全球视野的公民。同时，在冬季奥林匹克运动课堂中，教师应注重培养学生的跨文化沟通能力。学生要学习跨文化交流的技巧，包括有效倾听、适应他人观点、解决文化冲突等。他们将有机会与不同文化背景的人合作，通过合作完成项目和任务，培养团队合作精神和跨文化合作能力。更重要的是，在冬季奥林匹克运动课堂中，教师要鼓励学生参与国际交流项目，如文化交流活动、学生交流访问等。这些项目将为学生提供实践机会，让他们亲身体验其他国家的文化，深入了解当地人的生活方式、价值观和社会习俗。通过这样的经历，学生将更加开放和包容地面对不同文化，并开阔视野，形成全球公民意识。

第三节　多样化教学方式在冬季奥林匹克运动课堂中的有效应用

一、促进师生互动与交流

在冬季奥林匹克运动课堂中，教师应充当引导者的角色，通过提出问题、组织讨论和激发思考，激发学生的学习兴趣。同时，教师可以分享自己的经验和见解，引导学生进行深入思考和交流。通过这样的师生互动，学生能够更好地理解和应用所学知识，提高学习效率。

在冬季奥林匹克运动课堂中，教师要鼓励学生积极参与到课堂学习中，提出问题，分享观点和经验，与教师和其他同学进行交流和讨论。这种师生、生生互动不仅能够开阔学生的视野，还能够培养他们的批判性思维和表达能力。学生可以从不同的文化背景和观念中汲取智慧，拓展自己的思维边界，增进对不同文化的理解。为了促进师生之间的互动，教师在冬季奥林匹克运动课堂中可以采用多种教学方法和工具。例如，教师可以运用小组讨论、案例分析、项目实践等方法，引导学生积极参与到课堂活动中。同时，教师可以借助现代技术手段，如在线讨论平台、虚拟实验室等，与学生实时交流和互动，使学生的学习变得更加灵活和自主。通过这样的师生互动，教师和学生可以相互促进、相互学习，增进信任。

二、加强实践教学

冬季运动是动手操作和体验感觉非常重要的运动，只有通过大量的实践，学生才能真正理解和掌握运动技能。未来的冬季奥林匹克运动课堂应加强实践教学，通过将理论知识与实际操作相结合，为学生提供更加丰富和有效的学习体验。

首先，在冬季奥林匹克运动课堂中，教师要组织一些冬季运动项目的训练活动，让学生亲身参与其中，学习如何正确使用运动器材，掌握基本的动作技巧，并通过反复练习不断提升自己的运动能力。这种实践性的学习方式将使学生更加深入地理解运动项目的要点和技巧，加深他们对冬季运动的兴趣。

其次，在冬季奥林匹克运动课堂中，教师要组织一些模拟比赛，让学生感受比赛的紧张氛围，通过比赛提升运动技能和心理素质。例如，教师可以安排学生在合适的场地进行滑雪比赛，也可以组织学生前往冰场进行滑冰比赛。通过比赛，学生可以亲身体验运动的技巧和乐趣，提升竞技意识。在一些需要团队合作的比赛中，如冰球比赛或接力赛等，学生还能学会合作，提升协作意识和沟通能力，为未来的社会交往和职业发展打下坚实的基础。

最后，安排学生展示自己在实践环节中的成果。教师可以组织学生进行表演，让他们有机会展示自己的技能和进步。这不仅可以激发学生的学习兴趣，还能增加他们的自信心和自豪感。

总之，加强实践教学不仅能够提升学生的学习效果，还能够激发他们对冬季运动和冬奥文化的兴趣。通过实践体验，学生将深刻感受到冬季运动的魅力和乐趣，加深对冬奥文化的理解和认同。他们将成为冬季运动的积极推广者和传播者，为冬季运动的发展和冬奥精神的传承做出积极贡献。

三、运用非正式教育方式

未来的冬季奥林匹克运动课堂要采用非正式的教育方式，为学生提供自由和轻松的学习环境，以促进他们的自主学习能力和创新思维的发展。传统的课堂教学往往以严肃和正式的形式进行，学生需要在规定的时间和地点接受知识的灌输，这不利于学生的学习。在冬季奥林匹克运动课堂中，教师要提供更为自由的学习环境，给予学生更多的自主权，让学生在开放的环境中自由选择感兴趣的项目和内容，进行深入探究。这种非正式的教育方式不仅能激发学生的学习兴趣和创造力，使他们更加主动地参与到学习中，还有利于促进学生之间的互动和交流，培养学生的问题解决能力、自主学习能力和创新思维。

四、实施全面发展的教育模式

冬季奥林匹克运动课堂教学注重学生的全面发展，不仅注重学生运动技能的培养，还强调品格教育，注重学生综合素质的培养。在冬季奥林匹克运动课堂中，教师要在传授知识和技能的过程中融入品格教育内容，促进学生良好品格的形成，提升学生的综合素质。教师还要加强引导教育，让学生在参与各种运动的过程中提升团队协作能力、领导才能以及增强自信心等。这样的全面发展教育模式不仅有利于学生提升运动技能，还能使学生成为有责任感、有良好品德和价值观正确的公民。

全面发展的教育模式强调学生的自我发现和个性发展。学生可以通过参与不同的冬季运动项目和相关活动，发展自己的特长和个人兴趣。全面发展的教育模式还注重培养学生的社会责任感。学生可以参与有关冬季奥林匹克运动的志愿者活动、社区服务等，了解冬季奥林匹克运动

第六章 冬季奥林匹克运动课堂的未来展望

在社会中的影响和可能出现的问题,并积极参与到解决问题的过程中。这有利于培养学生的社会责任感。

五、利用科技手段

冬季奥林匹克运动课堂教学应充分利用科技手段,为学生提供丰富的教学内容、广阔的学习空间、更好的学习体验,从而创新冬季奥林匹克运动课堂教学。

一方面,教师可以利用虚拟现实技术让学生在没有雪和冰的情况下体验冬季运动。虚拟现实技术可以创造逼真的冬季运动场景,让学生身临其境地感受滑雪、滑冰等项目的乐趣和挑战。这种虚拟现实技术的运用能够解决地域限制和季节限制的问题,提供更安全、便捷的学习环境,让更多的学生接触和了解冬季运动。

另一方面,教师可以利用在线教育平台传授学生运动知识和技能。在线教育平台可以突破时间和空间的限制,让学生在任何时间、任何地点都能够接触到冬季奥林匹克运动。这种方式可以使更多的人参与到冬季奥林匹克运动的学习中,促进冬季奥林匹克运动的普及和冬奥文化的传播。

除虚拟现实技术和在线教育平台外,还有其他一些科技手段可以应用于冬季奥林匹克运动课堂的教学中。例如,利用智能设备和传感器技术,可以实时监测学生在运动中的表现和动作,并提供个性化的指导和反馈。这种个性化教学方式能够更好地满足学生的需求,提高学生的学习效率。

参考文献

[1] 宋贵伦，刘勇.奥林匹克教育之光［M］.北京：文化艺术出版社，2008.

[2] 吴经国.奥林匹克中华情［M］.苏州：苏州大学出版社，2005.

[3] 曹丹.体育健康与体育教育学研究［M］.天津：天津科学技术出版社，2018.

[4] 赵学森，蒋东升，凌齐.体育文化与健康教育［M］.北京：北京理工大学出版社，2015.

[5] 中华女子学院，北京市大学生体育协会.高校女子体育研究［M］.北京：中国妇女出版社，2008.

[6] 邓树勋，陈小蓉.现代大学体育理论与实践［M］.广州：广东高等教育出版社，2010.

[7] 王冬梅.高校体育教育创新发展研究［M］.长春：吉林人民出版社，2021.

[8] 夏越.现代高校体育教学研究［M］.北京：北京理工大学出版社，2019.

[9] 施小花.当代高校体育教育理论与发展探究［M］.长春：吉林人民出版社，2021.

[10] 匡勇进.高校体育课程资源理论研究［M］.西安：西安地图出版社，2008.

[11] 马洋睿.河北省高校冰雪运动专业开展高山滑雪教学的困境及对策研

究［D］.哈尔滨：哈尔滨体育学院，2022.

[12] 郝双燕.黑龙江省普通高校冰雪运动发展现状及路径研究［D］.哈尔滨：哈尔滨体育学院，2022.

[13] 田媛媛.2022冬奥会背景下北京市高校冰球队建设现状与优化路径研究［D］.北京：首都体育学院，2022.

[14] 刘会会.北京冬奥会举办地高校冰雪运动推广效果研究［D］.北京：首都体育学院，2022.

[15] 刘瑾茹.北京2022年冬奥会促高校人才培养的研究：以京冀地区高校为例［D］.北京：首都体育学院，2022.

[16] 彭赛桥.冬奥会背景下北京高校大学生冰雪体育文化素养的研究［D］.北京：首都体育学院，2020.

[17] 黄培真.辽宁省高校冰雪运动校园推广现状及路径研究［D］.沈阳：沈阳体育学院，2020.

[18] 孙冬颖.黑龙江省高校体育专业冰雪体育人才培养现状及对策研究［D］.哈尔滨：哈尔滨师范大学，2020.

[19] 苗琼玉.北京冬奥会背景下吉林省高校冰雪运动项目课程建设现状与发展策略研究［D］.长春：吉林大学，2020.

[20] 邵伟德,谭乔尹,栗家玉,等."双减"政策促进学校体育改革的内在逻辑、问题检视与推进策略［J］.体育学刊，2023（3）：99-105.

[21] 赵刚,席翼.突破、展望与隐忧：AI技术介入学校体育的思考［J］.天津体育学院学报，2023，38（3）：283-288.

[22] 曾勇.大数据信息时代学校体育文化构建与传播途径研究：评《学校体育文化节的构建与传播》［J］.人民长江，2023，54（5）：255.

[23] 马文涛.北京冬奥精神融入大学生思想政治教育的价值旨归和实现路径［J］.河北体育学院学报，2023，37（3）：60-66.

[24] 刘念,吴艳华.新时代大学生弘扬北京冬奥精神的价值与路径［J］.边疆经济与文化，2023（5）：122-125.

[25] 孙海泉.北京冬奥会背景下体教融合发展研究[J].四川劳动保障，2023（4）：38-39.

[26] 史健.基于知识图谱的中国大学生冰雪运动研究可视化分析[J].体育科技文献通报，2023，31（4）：111-114，123.

[27] 韩雪.冬奥精神与北方高校冰雪体育课程思政的融合发展[J].冰雪运动，2023，45（2）：55-59.

[28] 麻嘉才.后冬奥时期冰雪体育人才的新培养模式[J].当代体育科技，2023，13（8）：121-124.

[29] 刘凌晓，刘佑民.山西省高校"冰雪运动进校园"发展现状调查与分析[J].当代体育科技，2023，13（7）：81-84.

[30] 赵凡，史立峰.江苏省高校开展冰雪运动的现状及对策研究[J].当代体育科技，2023，13（7）：97-100.

[31] 王姗姗，毕鑫，李林，等.北京冬奥精神转化为体育课程思政建设资源的系统机制研究[J].广州体育学院学报，2022，42（6）：43-53.

[32] 朱岩."教会、勤练、常赛"模式促进高校冰雪课程教学改革的研究[J].冰雪运动，2023，45（1）：64-68.

[33] 汪如锋，陈浐，吴霜雪，等.北京冬奥精神赋能高校体育课程思政方略研究[J].南京体育学院学报，2022，21（12）：54-59.

[34] 董倩，谢军.北京冬奥精神内涵与传承路径[J].体育文化导刊，2022（12）：29-36.

[35] 杜啸，刘芳枝.北京冬奥精神融入高校体育课程思政建设略探[J].学校党建与思想教育，2022（24）：54-56.

[36] 窦秉慈.北京冬奥精神融入高校思政课教学的价值、现状与路径[J].体育文化导刊，2022（12）：92-97，110.

[37] 张琦，王晴.冰雪运动引入高校体育课的对策研究[J].当代体育科技，2022，12（35）：77-80.

[38] 吴依，赵富学.北京冬奥精神助推体育课程思政建设的效能转化研究：

以胸怀大局、自信开放精神为例[J].体育研究与教育，2022，37（6）：62-69.

[39] 刘姚成，刘春，姜科，等.桎梏与进路：高校冰雪运动课程旱地化的推广研究[J].哈尔滨体育学院学报，2022，40（6）：47-54.

[40] 陈晓倩.聚焦深度学习 构建自主支持型编程课堂：以冬奥会答题小程序设计为例[J].中国现代教育装备，2022（22）：67-69.

[41] 张强，卢瑛.普通高校冰雪运动课程体系的构建与发展[J].当代体育科技，2022，12（32）：78-81.

[42] 张聪，刘义峰，王淼，等.线上翻转课堂在黑龙江省高校体育教育专业冰雪运动课程中的创新设计与应用[J].冰雪运动，2022，44（6）：63-67.

[43] 吕宏宁，王璐，井红艳，等.北京冬奥会遗产助力北方高校冬季体育课教学模式改革的研究[J].冰雪运动，2022，44（6）：59-62.

[44] 刘建伟.冬奥精神育人的基础教育尝试[J].小康，2022（31）：76.

[45] 尹铂淳，陈心远.北京冬奥精神的生成逻辑及弘扬路径[J].南昌航空大学学报（社会科学版），2022，24（3）：15-22.

[46] 周德来，崔先友，孙训涛.产教融合背景下高校冰雪运动发展路径[J].冰雪运动，2022，44（5）：53-57.

[47] 王志博，王飞，李薇，等.高校建设冰雪项目高水平运动队的价值、模式与实施路径[J].哈尔滨体育学院学报，2022，40（4）：43-49.

[48] 张宇.高校冰雪项目裁判员培养的现实问题与提升路径[J].冰雪运动，2022，44（4）：41-45.

[49] 孙训涛，周德来.体教融合理念下东北高校学生体质测试与冰雪运动精准结合的路径探究[J].冰雪运动，2022，44（4）：88-92.

[50] 马吉权.冰雪精神融入高校体育教育探讨[J].给水排水，2022，58（7）：188.

[51] 杨晓燕，张宝明.甘肃省高校冰雪运动课程设计研究[J].中国多媒

体与网络教学学报（上旬刊），2022（7）：90-93.

[52] 杜兰杰，张宏波.高校对冰雪运动后备人才培养的作用研究［J］.辽宁高职学报，2022，24（6）：90-93.

[53] 李兆元，高俊兰，潘志刚.高校冰雪体育文化创新的内涵、机制与路径［J］.梧州学院学报，2022，32（3）：47-52.

[54] 陈妮娜.冬奥会志愿服务融入"大思政课"实践的启示［J］.北京教育（德育），2022（3）：61-65.

[55] 孙晓波.北方地区高校冰雪运动赛事协同发展研究［J］.冰雪运动，2022，44（2）：66-70.

[56] 张雷，张彦霞，张志哲，等.北京冬奥会背景下高校冰雪体育文化创新发展研究［J］.冰雪运动，2022，44（2）：93-96.

[57] 卢瑛.冰雪运动在校园中的发展价值及路径探索［J］.当代体育科技，2022，12（7）：4-6.

[58] 吕洪宝.吉林省普通高校冰雪体育教学的样态分析［J］.吉林工商学院学报，2022，38（1）：126-128.

[59] 朱岩.体教融合理念下北方高校冰雪体育教学设计［J］.冰雪运动，2021，43（6）：67-71.

[60] 李姝函，姚远.校企联合视角下冰雪运动在高校的普及与推广［J］.体育科技文献通报，2021，29（10）：151-154.

[61] 汤宪美，张华兴，王巧丽，等.冬奥会背景下奥林匹克教育的本土化价值研究［J］.冰雪运动，2021，43（5）：8-11.

[62] 吕吉勇，蒋湘之，王丹丹，等.北方高校运动训练专业冰雪实践教学改革创新研究［J］.冰雪运动，2021，43（4）：56-60.

[63] 王志强，李莎，张旻.2022冬奥会申办成功对高校冰雪运动发展影响研究［J］.山西大同大学学报（自然科学版），2021，37（2）：86-89.

[64] 何辉，陈霞.以高校舞蹈人才培养带动冬奥会冰雪节目创作研究［J］.戏剧之家，2021（7）：119-120.

[65] 张世平，骆秉全.北京市中小学"冰雪运动进课堂"的可持续开展研究[J].首都体育学院学报，2021，33（1）：56-61.

[66] 靳改敏.北京冬奥会志愿者英语服务能力的教学策略研究[J].轻纺工业与技术，2020，49（6）：152-153.

[67] 李纲.冬奥背景下河北省高校冰雪运动推广策略研究[J].当代体育科技，2020，10（12）：225-226.

[68] 郝治中，国翠翠，齐爽.以"冬奥项目进课堂"推进河北省冰雪后备人才培养[J].创新创业理论研究与实践，2020，3（2）：113-114.

[69] 王斌.冬奥会背景下体育院校学生跨文化能力培养研究[J].才智，2019（35）：68.

[70] 李军基.冬奥会背景下河北省冰雪运动进校园策略探究[J].体育科技文献通报，2019，27（11）：89-91.

[71] 闫丽敏.新时代北京冬奥会对中国学校体育的促进研究[J].体育科技，2019，40（3）：40-41，43.